発達障害を考える
心をつなぐ

発達の気になる子の
保育園・幼稚園・療育の場でできる

感覚統合あそび

川上康則 監修

ナツメ社

はじめに

子どもの発達についての関心が高まり、インターネットなどを通じてかなり具体的な情報を手に入れられるようになってきました。ただそのいっぽうで「どうかかわればよいか」というスキルやテクニックを安易に求める傾向のほうが強くなってきているようにも感じます。子どもの育ちにかかわるためには、「どうすればよいか」という答えを追い求めるよりも、「なぜ、そうなっているのか」という理由を探るプロセスのほうが大切です。

その理由を考える際に、大きなヒントをもたらすのが「感覚」についての知識と理解です。例えば、このような姿をよく見せる子どもはいませんか?

●靴や靴下をすぐに脱いでしまい、ぼうしやマスクもいやがる。
●すべり台など、みんなが楽しめる活動なのに怖がって参加できない。
●ブランコが好きで、「そろそろ次の子に交代ね」と伝えても譲ろうとしない。
●相手との距離が近く、周囲からいやがられてしまう。

彼らの姿はしばしば、わがまま・頑固・怖がり・臆病・慎重・大胆・乱暴などの性格の問題と見なされます。家庭での育て方のせいと言われることもあるかもしれません。

しかし、本書をお読みいただければ、それらの行動の背景に「感覚のつまずき」が隠れていることがわかります。知識がないままだと「あれども見えず」の状態にとどまりますが、理解が深まれば「そうか、そういうことだったのか!」と目の前が明るく開かれていきます。そして、「今からなにをすればよいか」も見えてきます。

本書は、子どもの感覚のつまずきについて深く学ぶことができ、発達段階に沿ったあそびを紹介するものです。あそびには複数のアレンジを加えたバージョンも紹介しました。さらに巻末の付録として、1歳から6歳までの発達の目安を一覧表にして示しています。発達段階をとらえ、無理なくバランスよく育つことを目指していただきたいと思います。

本書が、子どもの育ちにかかわる皆さんの心の支えとなり、「よき理解者」を目指すきっかけになればうれしいかぎりです。

川上康則

本書の使い方

第1章●理論のページ　第1章では、基礎的な理論について紹介します。

感覚統合で大切な3つの初期感覚（触覚、平衡感覚、固有感覚）に、それぞれテーマカラーを設けました。ほかのページで出てきても、文字に色をつけてわかりやすく示しています。

このページの感覚を発達させるのに適したあそびが、何ページに紹介されているかを示しました。

第2・3・4章●あそびのページ　感覚統合のトレーニングになるあそびを紹介します。

あそびに取り組むうえでの注意点や、指導に役立つポイントをまとめました。

見通しをもってあそびに取り組めるよう、その目的や期待できる効果の例を示しました。

どんな子に適したあそびかを示しました。

アレンジ例は、子どもの発達段階に合ったものから取り入れてください。

第5章●子どもの姿を理解するページ　子どもの気になる姿について、くわしく解説します。

気になる子どもの姿と、その子どもが抱える「困った」を紹介しました。

どうしてそのつまずきが起きているのか、考えられる理由を解説しました。

子どもの「困った」を軽減するための支援のヒントを紹介しました。

3

はじめに……………………………………………2
本書の使い方………………………………………3

第1章 感覚統合ってなあに？

こんな姿に気づきませんか？……………………………8
生まれる前から使われている3つの初期感覚‥10
3つの初期感覚
　❶ からだの表面でさわって感じる触覚 ………12
　❷ からだのバランスを保つ平衡感覚 ………14
　❸ からだの動きをつかさどる固有感覚 ………16
感覚を統合しながら成長する………………………18
あそびで困ったを減らそう！………………………20

Contents

第2章 ふれあいながらあそぼう！

1 いないいないばあ ……………………… 22
2 ハイハイレッスン ……………………… 24
3 お馬さんレース ………………………… 26
4 トンネルごっこ ………………………… 28
5 かいじゅうのぼり ……………………… 30
6 からだじゃんけん ……………………… 32
7 ロボット歩き …………………………… 34
8 おひざエレベーター …………………… 36
9 ロケットジャンプ ……………………… 38
10 おきあがりこぼし ……………………… 40
11 ひこうきビューン ……………………… 42
12 でんぐり返し …………………………… 44
13 だるまずもう …………………………… 46
14 押し当てあそび ………………………… 48

Column 1
スモールステップで
「自分でできた」を感じよう！ …………… 50

第3章 道具を使ってあそぼう！

1 ひみつ袋 ………………………………… 52
2 足踏みマット …………………………… 54
3 ふうせん転がし ………………………… 56
4 おそうじごっこ ………………………… 58
5 水うつし ………………………………… 60
6 ふきんしぼり …………………………… 62
7 タオルでそりあそび …………………… 64
8 新聞パンチ ……………………………… 66
9 あめんぼ歩き …………………………… 68
10 ねんどであそぼう！ …………………… 70
11 絵の具スタンプ ………………………… 72
12 タオルつな引き ………………………… 74
13 ゴロゴロマット ………………………… 76
14 フラフープトンネル …………………… 78

Column 2
その子に合った道具・環境を考えよう！ ………… 80

第4章 外で元気にあそぼう！

1 なりきり鉄棒 …………………… 82
2 ユラユラブランコ ………………… 84
3 しっぽ取り ……………………… 86
4 砂あそび ………………………… 88
5 ボールキャッチ ………………… 90
6 ボール送り ……………………… 92
7 長なわあそび …………………… 94
8 ジャングルジム ………………… 96
9 だるまさんが転んだ …………… 98
10 プールであそぼう ……………… 100

Column 3
感覚のコップにちょうどいい情報量を ………… 102

第5章 気になる姿と支援のヒント

CASE 1 だっこやおんぶがしっくりこない ……104
CASE 2 ハイハイをしたがらない …………… 106
CASE 3 オマルや便座に座るのをいやがる …108
CASE 4 ブランコなどの遊具であそべない …110
CASE 5 砂あそびが嫌い・
　　　　砂場に入りたがらない ……………… 112
CASE 6 よくものにぶつかる・よく転ぶ ……114
CASE 7 食べ物の好き嫌いが激しい ………… 116
CASE 8 いつも動きまわっている・
　　　　じっとしていられない …………… 118
CASE 9 いつまでも着替えを
　　　　自分でしたがらない ……………… 120
CASE 10 行事や集団活動に
　　　　参加したがらない ………………… 122

付録
発達の系統性とおおよその目安 ………… 124

第 1 章

感覚統合って
なあに？

発達のつまずきと深い関係にある「感覚統合」。
なんだか難しそう？　大丈夫！
第1章では、保育にすぐいかせる基礎の基礎だけを抜き出して、
やさしく、わかりやすく解説します。

こんな姿に気づきませんか？

いつまでたっても着替えを自分でしようとしない。
➡ 120ページ

みんなで集まる行事の場に近づくことができない。集団活動に参加できない。
➡ 122ページ

よく転ぶ、あちこちにぶつかる。ぶつかっても、痛がらない。
➡ 13、17、114ページ

ハイハイをしたがらない。ハイハイの様子がほかの子とちょっと違う。
➡ 106ページ

ブランコを極端に怖がる、あるいは極端に好む。
➡ 15、110ページ

子どもたちの個性は十人十色。なかには、強すぎるこだわりや、理解されにくい行動パターンをもっている子もいます。こんな姿に気づいたことはありませんか?

第1章 ● 感覚統合ってなあに?

だっこを拒絶したり、おんぶをしてもしがみついてこなかったりする。
➡ 15、104ページ

いつもチョロチョロと動きまわっている、じっとしていられない。 ➡ 15、118ページ

乱暴なふるまいが多く、まわりの子とのトラブルが絶えない。 ➡ 16、17ページ

砂のザラザラ、のりのベタベタなど、特定の手ざわりが苦手。
➡ 13、112ページ

子どもたちのこんな姿には、生まれもった「感覚」の違いが関係しているかもしれません。そうであれば、まわりの大人がよく理解してかかわり方を工夫することで、こだわりや困りごとをやわらげていくことができます。早速次のページから、くわしく見ていきましょう。

第2章 ● ふれあいながらあそぼう!

第3章 ● 道具を使ってあそぼう!

第4章 ● 外で元気にあそぼう!

第5章 ● 気になる姿と支援のヒント

9

生まれる前から使われている 3つの初期感覚

無意識に使っているけれどとても重要な3つの感覚

通常「感覚」と聞いて思い浮かぶのは、視覚、聴覚、嗅覚、味覚、**触覚**の五感です。ところが、このほかにも**平衡感覚**＊、**固有感覚**という重要な感覚があります。これらの感覚を使って、人は脳を発達させていくのです。

なかでもとくに重要な感覚が、**触覚、平衡感覚、固有感覚**です。この3つの感覚は、胎児の時期や乳児期など発達の初期から使われることから、まとめて**初期感覚**と呼ばれています。

ひとりひとり違う感じ方が「その子らしさ」を作る

例えば、どんなにうるさくてもぐっすり眠れる人がいるいっぽう、時計の秒針の音でも気になって眠れない、という人がいます。

同じ刺激を受けても、感じ方は人それぞれ。また「**触覚**は敏感だけど**固有感覚**は鈍感」というように、同じ人のなかに感じ方の違いが混在することもあります。

この、ひとりひとり違う感じ方が、大胆、慎重、引っこみ思案などの行動特性となり、その子らしさを作っていくことがあります。

＊平衡感覚は前庭感覚（前庭覚）とも呼ばれますが、本書では「平衡感覚」で統一します。

人には、生まれる前からもっている3つの感覚があります。
それぞれの感覚の受け止め方はひとりひとり違うため、
その感覚の違いによって、その人らしさが形作られていくことがあります。

● **感覚が敏感**
感覚のコップが小さく、少しの情報量であふれてしまう。

● **感覚がおおよそ正常**
感覚のコップに程よい情報量を受け止める。

● **感覚が鈍感**
感覚のコップが大きくて、情報量が物足りない。

感じ方の極端さのために人知れず、困っていることも

　感じ方の違いは、目に見えません。そのため、感覚に極端な敏感さや鈍感さがある人は、人知れず、困っていることが少なくありません。とくに発達の途上にある子どもたちにとっては、まわりのかかわりがその後の人生に大きく影響します。

　あなたのまわりに、気になる子はいませんか？ その背景に潜んでいる理由がわかれば、支援の方法も見えてきます。

子どものつまずきを誤解なく理解する

　まわりの大人たちが子どものつまずきを誤解し、「努力が足りない子」「態度の悪い子」というレッテルを貼ってしまうと、問題はますます深刻化します。逆に、背景を理解して適切な支援をすれば、つまずきを軽減していくことができます。

　そこで次のページからは、子どもの理解に不可欠な3つの感覚「触覚」「平衡感覚」「固有感覚」について、くわしく見ていきます。

3つの初期感覚 ❶
からだの表面でさわって感じる 触覚

触覚には
2つの機能がある

　触覚は、からだの表面に張り巡らされたセンサーでふれたものを感じとる感覚です。この**触覚**には**識別系**と**原始系**という2つの機能があります。**識別系**とは、手でふれたものの形や手ざわりを感じる機能です。ポケットの中を見なくても手さぐりで探しだせるのはこの機能のおかげです。いっぽう**原始系**とは、自分にとって危険かどうかを本能的に判断する機能です。

危険を察知する
センサーの役割

　原始系の**触覚**は危険から身を守るためのものですが、敏感すぎると、さまざまなものに怖さや嫌悪感を感じてしまいます。これを**触覚防衛反応**、または**触覚過敏**といいます。

　成長とともに自然に消えていくこともありますが、適切なサポートがないとなかなか軽減できない場合もあります。

人とふれあいながら
社会性を育てていく

　子どもにとって、信頼できる大人とのスキンシップはとても大切です。愛着や共感の気持ちが生まれ、それが社会性につながります。**触覚防衛反応**があると、これらの発達につまずきが生じることも。まわりの大人は正しい知識を身につけて、その子の育ちのよき理解者となるようなかかわりを心がけましょう。

触覚は、からだ全体を覆う安心・安全のセンサー。
ふれたものを感じるだけでなく、近づいただけで危険を察知する
「本能的なセンサー」の役割も果たします。

触覚が**敏感**だと……

- 自分からは人なつっこいかかわりをするのに、人にさわられるといやがる。
- 砂、のり、泥など特定の感触をいやがってさわろうとしない。
- ぼうしや靴下をいやがる。
- 髪やつめを切られるのが苦手。
- 気に入った服しか着ない。服のタグをいやがる。

触覚が**鈍感**だと……

- ぶつかったりケガをしたりしても痛がらず、平気でいる。
- ささくれやかさぶたを引きちぎる、腕に歯形がつくほど強くかむなど、からだに強い刺激を与えるような行動をする。
- オムツが汚れていても気づかない。
- 寒さ、暑さを感じにくい。

支援のポイント！

無理のない範囲で経験を重ねよう

つまずきを軽減するには、その子に無理のない範囲で、**触覚**を使う経験を重ねていくことが役に立ちます。
触覚防衛反応がある子は、自分からなにかをさわるあそびで受け入れられるものや素材を広げ、**識別系**の**触覚**を育てていくと、敏感さが少しずつやわらいでいきます。

関連するあそび 22、26、28、30、34、46、48、52、54、56、58、60、62、66、68、70、72、76、78、82、88、90、92、100ページ

第1章 ● 感覚統合ってなあに？
第2章 ● ふれあいながらあそぼう！
第3章 ● 道具を使ってあそぼう！
第4章 ● 外で元気にあそぼう！
第5章 ● 気になる姿と支援のヒント

3つの初期感覚 ❷
からだのバランスを保つ 平衡感覚(へいこう)

揺れや傾きを感じて姿勢を保つ

平衡感覚は、からだがバランスをとるときに働く感覚です。耳のなかにある耳石器や三半規管がセンサーとなって、重力や揺れ、回転、加速度などを感じとり、姿勢を保ったり、からだの動きをコントロールしたりします。

目の動きを安定させるセンサーの役割も

平衡感覚は、カメラの手ブレ防止機能のような役割も果たします。
　顔の前に人さし指を立てて左右に振ると、指がブレて見えます。ところが、指ではなく顔を左右に振ると、指はブレて見えません。これは、**平衡感覚**が頭の動きを感じ、視線を安定させるセンサーを働かせているためです。

集中力や学習意欲の土台になる

　いすに姿勢よく座って活動に集中したり、他者の動きをまねて自分のからだをコントロールしたりできるのは、**平衡感覚**がきちんと働いているおかげです。ところが、**平衡感覚**につまずきがあることで、まわりから本人の意欲や態度に問題があると勘違いされてしまうことが少なくありません。

平衡感覚は、重力や揺れ、傾き、回転、加速度などを感じとる感覚です。姿勢などをコントロールして、からだのバランスを保つのに役立ちます。目の動きにも深くかかわっています。

平衡感覚が**敏感**だと……

- 乗り物酔いをしやすい。
- 砂場やトランポリンなど足場が不安定なところが苦手。
  →112ページ
- ブランコなどの動く遊具を極端に怖がる。
  →110ページ
- 急に抱き上げられたり、「高い高い」をされたりするのが苦手。

平衡感覚が**鈍感**だと……

- だっこやおんぶをしても、しがみついてこない。→104ページ
- ブランコなどの動く遊具が大好きで、離れようとしない。
- じっとしていられず、頭やからだを動かしている。
  →118ページ
- 高いところにのぼりたがる。
- 高いところから飛びおりたがる。

支援のポイント！

ひとりひとりの「ちょうどいい」を大切に

　ブランコやすべり台など、揺れたりすべりおりたりするあそびは、**平衡感覚**を刺激します。**平衡感覚**が敏感な子はそんなあそびをいやがり、鈍感な子は「もっともっと」と強い刺激を求めます。

　みんなと同じである必要はありません。その子が安心できるよう、あるいは満足できるよう、あそびの量や強度をサポートしていきましょう。

関連するあそび 22、24、26、28、30、32、34、36、38、40、42、44、46、56、58、64、66、68、74、76、78、82、84、86、88、90、92、94、96、98、100ページ

第1章 ● 感覚統合ってなあに？

第2章 ● ふれあいながらあそぼう！

第3章 ● 道具を使ってあそぼう！

第4章 ● 外で元気にあそぼう！

第5章 ● 気になる姿と支援のヒント

3つの初期感覚 ❸ からだの動きをつかさどる 固有感覚

筋肉や関節のセンサーで からだの動きを感じる

固有感覚はあまりなじみのない言葉ですが、人は動いているときも止まっているときも、この**固有感覚**を使っています。

固有感覚のセンサーは筋肉や関節にあり、筋肉の張り具合や関節の曲がり具合を感じとります。自分のからだを思ったとおりにコントロールできるのは、**固有感覚**のおかげです。

アクセルとブレーキ、 両方の役割がある

「よーい、ドン！」で駆けだすのも、「ストップ！」で立ち止まるのも、**固有感覚**がしっかり機能しているから。また、友だちに「トントン」とやさしくふれるか、「バンバン！」と強くたたくのか、そんなちょっとした力加減も、**固有感覚**が十分に働いてはじめてできる動作です。

足りない刺激を補う行動が トラブルを招くことも

固有感覚への刺激を感じにくいと、足りない刺激を補おうとする**自己刺激行動**をとることがあります。例えば、体を揺すったり、回転させたり、足を組むことが多かったり、なにかを強くにぎったり。無意識に友だちをたたく、かむなどの行動で、トラブルを招いてしまうこともあります。

固有感覚は、筋肉にどれくらい力を入れているか、
関節をどれくらい曲げているかを感じとる感覚です。
自分のからだの位置や動きを把握するのに役立ちます。

固有感覚が**鈍感**だと……

- あちこちよくぶつかる。よく転ぶ。→114ページ
- スプーンやおはしを使ったり、ボタンをかけたりという細かな動作が苦手。
- 「ストップ！」と言われても急に止まることができない。
- ものの扱いが乱暴で、力の加減ができない。
- 友だちを強くたたくなど乱暴な行動で、トラブルが絶えない。
- 友だちとの距離が近すぎることがわかりにくい。

支援のポイント！

からだ全体をたっぷり使ってあそぼう！

　ソワソワと落ちつかない子は、からだ全体を使ったあそびで足りない刺激を満足させてあげましょう。
　運動機能は、全体的な大きな動き（**粗大運動**）から末梢的な小さな動き（**微細運動**）へという順に発達していきます。そのため、からだ全体を使うあそびを行うことで、手先の器用さも育ちやすくなっていきます。

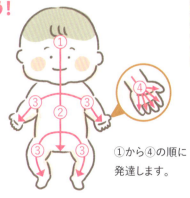

①から④の順に発達します。

関連するあそび 22、24、26、28、30、32、34、36、38、40、42、44、46、52、54、56、58、60、62、64、66、68、70、74、76、78、82、84、86、90、92、94、96、98ページ

第1章●感覚統合ってなあに？
第2章●ふれあいながらあそぼう！
第3章●道具を使ってあそぼう！
第4章●外で元気にあそぼう！
第5章●気になる姿と支援のヒント

17

感覚を統合しながら成長する

感覚が発達・統合することでよりよく生きる基礎を作る

触覚、**平衡感覚**、**固有感覚**に加え、視覚、聴覚が発達し、さらにそれらの感覚が統合され使われることで、読み書きや活動への集中、自制心、自己肯定感など、よりよく生きていくための基礎が育っていきます。

これは逆にいえば、「集中しにくい」「自分をコントロールしにくい」など目に見えている子どものつまずきの背景には、表にあらわれにくい理由が隠れているということです。

見えているのは氷山の一角。水面下で感覚のつまずきがどう絡み合って、その行動につながっているのか。ひとりひとりの「見えにくい理由」をていねいにひも解くことが、つまずき軽減への近道です。

感覚統合が学習や運動の力を支える

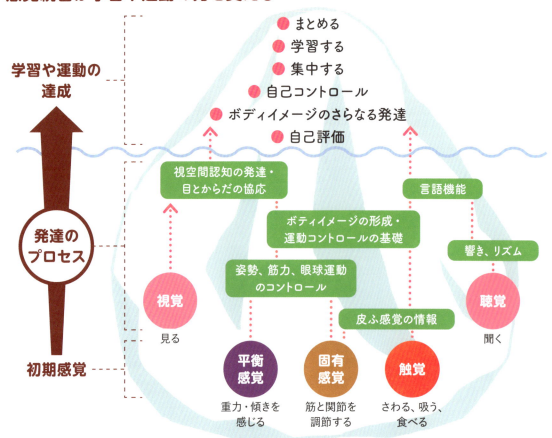

それぞれの感覚はお互いに絡み合い、影響し合いながら、次の発達のステップへと進んでいきます。そして、よりよく生きていくのに必要な学習や運動、情緒などの育ちの基礎を作ります。

日常生活に欠かせない目とからだのチームワーク

　感覚の統合について、具体的な例をいくつか挙げてみましょう。

　1つは**目とからだの協応**です。例えば、飛んでくるボールをキャッチする動作。これは、**平衡感覚**と手ブレ防止機能（➡14ページ）と、全身の関節や筋肉の動きをコントロールする**固有感覚**を協調的に働かせなくてはいけません。

　ほかにも、動くおもちゃを追いかける、文字を書く（次に線を書く方向を見ながら鉛筆を進める）など、生活のさまざまな場面で、目とからだはチームワークを発揮させています。

自分の輪郭をとらえる力「ボディイメージ」

　目とからだを協応させる体験を重ねることで、目で見なくても自分のからだの輪郭やサイズがイメージできるようになっていきます。これを**ボディイメージ**といいます。

　ダンスやなわとびのような運動のほか、普段の暮らしのなかでも絶えず使われています。例えば、列に並ぶときに前後の人と程よい距離を保てるのは、**ボディイメージ**が育っているからです。机と机の間をぶつからずに歩けるのも、服にうまく腕や足を通せるのも、**ボディイメージ**の育ちのおかげです。

あそびで困ったを減らそう！

「困った！」は大人ではなく子どもの気持ち

　手をつなぐのをいやがる、友だちとのケンカが絶えないなど、気になるのは大人が「困ったな」と感じるときではないでしょうか。でも本当は、子どものほうが「思ったようにできないな」「困ったな」と感じているのかもしれません。

　大人の役割は、適切な支援で子どもの「困った」を減らし、未来の可能性を大きく広げていくことです。

普段のあそびで「困った」を減らす

　感覚の未発達は、普段のあそびを通して軽減していくことができます。「楽しいあそび」は、その子が成長するためにほしがっている「ちょうどいい刺激」でもあるからです。

　また、あそびのなかで感じる達成感や、ふれあいのなかではぐくまれる共感性も、その子の心が成長するための大切な栄養になっていきます。

第2章

ふれあいながら
あそぼう！

では、早速あそびましょう！
まずは、全身をたっぷり使ったふれあいあそび。
子どもの発達や特性に合わせられるように、
アレンジのアイデアも紹介します。

ふれあい
あそび

1

いないいないばあ

ねらい 「いないいないばあ」をしても笑わない子に、ひと工夫して楽しんでもらうあそびです。身のまわりの人やものへの興味・関心を促します。

発達の目安 隠してもそこにあることが想像でき、再びあらわれることを期待する6か月ごろから。

●基本のあそび方●

1 大人は鏡の前に座り、子どもをひざの上に乗せます。

2 「いないいない」で子どものからだを揺らし、鏡の外に出します。

> **ワンポイントアドバイス**
>
> **歌や声かけで興味を引きだす**
>
> 子どもの反応が薄い場合は、歌を使ったり、「せーの」と声をかけて期待を高めたりして、視覚以外の感覚も刺激してみましょう。

3 「ばあ」で子どもの姿を鏡に映します。

💡 どんなことにつながる？

好きなものへの興味から まわりの人への興味へ

●「いないいないばあ」で笑わない子のなかには、感覚のつまずきがあって興味を示さない子もいます。まずは好きなおもちゃやその子自身の姿で「いないいないばあ」をして、あったものが隠れたり、見えないものがあらわれたりすることを楽しみましょう。少しずつ、人の表情にも気づけるようになっていきます。

触覚が **敏感** **鈍感** 平衡感覚が **敏感** **鈍感** 固有感覚が **鈍感**

| こんな子におすすめ | ●表情が乏しく、あまり笑わない　●人の顔に興味を示さない
●だっこをいやがる　●興味の対象が次々にうつってしまう |

あそびへの興味を促す
アレンジ **A**

好きなおもちゃで

自分の姿に興味をもてない子は、大好きなおもちゃや人形などといっしょにやってみましょう。
おもちゃは、子どもによく見えるようにからだの前や頭の上に持ちます。

おもちゃさん、ばあ！

子どもにお気に入りのおもちゃを見せてから、大人は「いないいない」と言いながら、ハンカチなどでそれを隠します。
「ばあ！」でハンカチをめくって、おもちゃを見せます。

おもちゃが隠れる・あらわれる！
アレンジ **B**

少し大きくなったら
アレンジ **C**

さかさまで、ばあ！

大人と子どもは背中合わせに立ちます。「いないいないばあ！」と言いながらからだを曲げて、足の間から相手の顔を見ます。
同じ姿勢で「にらめっこ」や「じゃんけん」に発展させてもあそべます。

第1章 感覚統合ってなあに？
第2章 ふれあいながらあそぼう！
第3章 道具を使ってあそぼう！
第4章 外で元気にあそぼう！
第5章 気になる姿と支援のヒント

23

ふれあい
あそび
2

ハイハイレッスン

ねらい 足の裏で床をけったり、床に手をつけておなかを持ち上げたりする動きで、手や足で体重を支える力や、体幹を締める力を育てるあそびです。

発達の目安 6か月から1歳半ごろまで。

●基本のあそび方●

子どもの好きなおもちゃを置きます。興味をもったら、子どもの進みやすい方向へおもちゃを動かします。

ワンポイントアドバイス

ハイハイしやすい環境作りを

つかまるところのない広い場所で、たくさんハイハイできるようにしましょう。おなかでクルクルまわってしまい、うまく前に進めない子は、まずはずりばいから。気になるものを見るとそちらに進もうとします。

どんなことにつながる？

からだだけでなく興味の発達も促す

●ハイハイをたっぷりすることで、肩まわり・手足・体幹など、全身の筋肉を使います。また、自分の力で移動して知的好奇心を満たすことができるので、心の発達も促します。

触覚が 敏感 鈍感 平衡感覚が 敏感 鈍感 固有感覚が 鈍感

こんな子に
おすすめ
- ハイハイをしたがらない
- ハイハイでうまく前に進めない
- だっこやおんぶがしっくりこない
- よくからだをつっぱっている

足をサポート

まだハイハイできない子は　アレンジA

ずりばいで前に進むのが難しい子は、足の裏に手を当てて、左右交互にやさしく押します。

押される力を使って前に進むことで、足でける感覚を覚えていきます。

おなかを上げて

大人はなわとびを床に置き、「ヘビさんだよ」などと声をかけます。子どもはおなかを持ち上げて、なわとびを乗り越えます。

ずりばいしかしない子は　アレンジB

坂道のぼり

坂道でステップアップ！　アレンジC

ハイハイでの移動ができたら、次は坂道を作り、よじのぼる動作を楽しみましょう。マットでゆるやかなのぼり坂を用意して、坂道の上にお気に入りのおもちゃを置くなどすると、目標に向かってのぼることが促されます。

第1章　感覚統合ってなあに？
第2章　ふれあいながらあそぼう！
第3章　道具を使ってあそぼう！
第4章　外で元気にあそぼう！
第5章　気になる姿と支援のヒント

ふれあいあそび 3

お馬さんレース

ねらい 転びやすい、転んでも手が出ない、片足で立てない、階段でぎこちない、そんな運動の苦手さにつながる「ハイハイ不足」を補うあそびです。

発達の目安 歩行が安定する2歳ごろから。

●基本のあそび方●

大人はスタートとゴールの線を引きます。子どもはお馬さんになりきって、ひざをつかない高ばいで、スタートからゴールまで歩きます。

ワンポイントアドバイス

子どもの「楽しい!」を大切にしながら

お馬さんになりきったり、友だちと競走したりというゲーム要素を取り入れることで、大きくなった子も、高ばいの動きを楽しく行うことができます。

手を床から離したり、走ったりするのはNG。友だちと競走すれば大盛り上がり!

どんなことにつながる?

転びにくいからだを作る

●ハイハイしないまま歩くようになった子は、体幹や腕でからだを支える力を十分に使えていないために、転びやすい、転んだときに手が出ないということがあります。ハイハイの時期を過ぎても、子どもの発達段階や興味に合ったあそびをすることで、それらのつまずきを補うことができます。

触覚が **敏感** **鈍感** 平衡感覚が **敏感** **鈍感** 固有感覚が **鈍感**

こんな子に おすすめ	●ハイハイの経験が少ない　●よく転ぶ ●転んでも手が出ないのでケガが多い　●しがみつく力が弱い

お馬さんの後ろ歩き

基本のあそびに慣れてきたら、次は後ろ向きに進みます。進行方向が見えにくいので、友だちとぶつからないように、気をつけましょう。

進む方向を変えて
アレンジ A

アレンジ B 進むのが難しいときは

カエルジャンプ

大人は床に手形を貼っておきます。
子どもは手形に両手をついて高ばいの姿勢になり、両足でジャンプします。

手形があると、カエルジャンプがしやすくなります。

キャタピラ

大人は段ボールをつなぎ合わせて絵のようなキャタピラを用意します。子どもはキャタピラのなかに入り、よつばいで前に進みます。

道具を使ってさらに発展！
アレンジ C

友だちと競走しても盛り上がります！

ふれあいあそび 4

トンネルごっこ

ねらい トンネルの大きさに合わせて、からだをのび縮みさせるあそびです。トンネルにからだが当たることで、ボディイメージも育っていきます。

発達の目安 基本のあそびは、ハイハイができるようになった8か月ごろから。

●基本のあそび方●

大人はよつばいの姿勢でトンネルを作ります。「トンネルはここでーす」「出発進行！」「ガタンゴトン」と声をかけ、子どもは電車になったつもりでトンネルをくぐります。

ワンポイントアドバイス

楽しくあそんで苦手を克服！

くぐる動作が苦手な子には、大人が電車ごっこに見立てて声かけを工夫したり、トンネルの形で難易度を調節したりすることで、やってみたい気持ちを引きだしましょう。

「もうすぐ崩れまーす！」「グラグラ……」などの声かけをしながらトンネルをだんだん小さくしていくと、難易度が上がります。

グラグラ…

どんなことにつながる？

自分のからだの大きさを感じながら

● いつもあちこちぶつかっている子も、ぶつかっても痛くないふれあいあそびなら、安心して行うことができます。
● さまざまな形のトンネルをくぐる経験を重ねながら、自分のからだの輪郭を自覚できるようになっていきます。

| 触覚が | 敏感 | **鈍感** | 平衡感覚が | 敏感 | 鈍感 | 固有感覚が | 鈍感 |

こんな子に
おすすめ
- ボディイメージが乏しい
- ハイハイの経験が少ない
- よく転ぶ
- あちこちよくぶつかる
- しがみつく力が弱い

アレンジ A 時間制限でスリル満点！

3秒パックン！

あらかじめ制限時間を決めて、「3・2・1」とカウントダウンしましょう。時間内にくぐれなかったら「食べられちゃうー！」と言いながらギュッとハグを。失敗しても楽しいスキンシップになります。

くぐって、のぼって

くぐった後に、トンネルの上を乗り越えるステップをプラス！ くぐって、のぼってをくり返しましょう。

アレンジ B 慣れてきたらレベルアップ！

1回ずつ大人の姿勢が変わると、くぐったりのぼったりする難易度も変化して、いっそう楽しくなります。

アレンジ C 子ども同士でやってみよう！

子どもトンネル

トンネル役も子どもがやります。大人のトンネルより小さくなるので、くぐるのも難しくなります。

かいじゅうのぼり

ふれあい あそび 5

ねらい 大人のからだをかいじゅうに見立てて、つかまったりよじのぼったりするあそびです。バランス感覚やしがみつく力を引きだします。

発達の目安 アレンジによって、しがみつく力がつく2歳ごろから。

●基本のあそび方●

大人のからだをかいじゅうに見立てて、子どもがしがみついたりよじのぼったりしながら、のぼります。大人がひざを曲げたり、腰の位置を下げたりすることで、のぼりやすくなります。

ワンポイントアドバイス

子どもが大きくなったらできる範囲で

子どものからだが大きくなり体重が増えてくると、大人は支えるのが難しくなってきます。お互いの体重や体力と相談しながら、安全にあそべる範囲を調整しましょう。

どんなことにつながる？ あそびや運動に必要な力の土台を作る

- よじのぼる、踏んばる、しがみつくなどの動きで**固有感覚**を育て、さまざまなあそびの土台を作ることができます。
- アレンジCのしっかり踏みしめる動作は、信号で止まったり、ボールを遠くに投げたりする動きにもつながります。

触覚が 敏感 鈍感　平衡感覚が 敏感 鈍感　固有感覚が 鈍感

こんな子に おすすめ	●しがみつく力が弱い　●じっとしていられない　●よく転ぶ ●ものの扱いが乱暴　●転んだときに手が出ない

アレンジ A　おんぶだっこ

大人のサポートで からだを移動！

子どもをおんぶする姿勢から、少しずつ子どものからだをずらしてだっこの姿勢に。

かいじゅう歩き

子どもは大人の足に抱きつきます。大人は足を上げたり、歩いたりします。子どもは振り落とされないように、しっかりしがみつきましょう。

しがみつく力をつけよう

アレンジ B

アレンジ C　かいじゅうになろう

踏みしめる力をつけよう

子ども自身がかいじゅうになって、ノッシノッシと歩きましょう。シコを踏むように、片足ずつ高く上げて、ドシンと振り下ろします。

第1章 ● 感覚統合ってなあに？
第2章 ● ふれあいながらあそぼう！
第3章 ● 道具を使ってあそぼう！
第4章 ● 外で元気にあそぼう！
第5章 ● 気になる姿と支援のヒント

ふれあいあそび 6

からだじゃんけん

ねらい 全身を使って、指先が不器用な子もじゃんけんあそびに参加しましょう。
発達の目安 じゃんけんのルールが理解できるのは4歳後半ごろから。
アレンジCは5歳前半ごろから。

● 基本のあそび方 ●

1 グー・チョキ・パーのポーズを決めます。

2 じゃんけんをします。

ワンポイントアドバイス

**勝ち負けのルールが
まだ理解できないうちは**

グー・チョキ・パーが石・はさみ・紙を模していることがわかるのは2歳半ごろから。勝ち負けのルールがわかる前は、大人のポーズを子どもがまねるなりきりあそびで、「グーは石だよ」「チョキははさみ」「パーで紙になるよ」と、それぞれのポーズがもつ意味を伝えましょう。

どんなことにつながる？

姿勢を保って活動に集中できるように

● 必要な場所でピタッと止まったり、姿勢を保ったりする練習になります。将来、机に向かって学習に集中する力につながります。
● 考えたとおりのポーズをすばやく作ることは、**ボディイメージ**を育てることにつながります。

触覚が 敏感 鈍感 | 平衡感覚が 敏感 鈍感 | 固有感覚が 鈍感

こんな子におすすめ
- ダンスやなわとびが苦手
- ボディイメージが乏しい
- 「ストップ！」と言われても急に止まることができない

アレンジ A　シンプルな動きで

足じゃんけん

足のポジションでグー・チョキ・パーを決めるじゃんけんです。絵のように決めてしまってもいいですし、子どもたちに自由に決めてもらってもよいでしょう。

顔じゃんけん

グー・チョキ・パーの顔を決めて、じゃんけんぽん！

アレンジ B　表情の変化も楽しい！

アレンジ C　基本のポーズでレベルアップ！

じゃんけんぽんぽん

「じゃんけんぽん」で、まず大人がグー・チョキ・パーのいずれかのポーズをとります。次の「ぽん」のかけ声で、こんどは子どもが大人に勝てるポーズをとります。

子どもは大人のポーズを見てからポーズをとります。

第1章　感覚統合ってなあに？
第2章　ふれあいながらあそぼう！
第3章　道具を使ってあそぼう！
第4章　外で元気にあそぼう！
第5章　気になる姿と支援のヒント

33

ふれあい
あそび
7

ロボット歩き

ねらい 相手とタイミングを合わせる楽しさを感じられるあそびです。大人の足の上でバランスをとるための平衡感覚や、動かし方を調整するための固有感覚を使います。

発達の目安 しっかり歩ける1歳半ごろから。

●基本のあそび方●

1 向かい合わせに立ち、大人は子どもの手をにぎります。子どもは大人の足の甲に乗ります。

2 大人は後ろ向きに、子どもは前向きに、タイミングを合わせて歩きましょう。

いち、に
いち、に

ぶつかるもののない、広い場所で行いましょう。

ワンポイントアドバイス

**かけ声をかけて
リズムを合わせる**

子どもが小さいうちは大人が動きをリードできますが、大きくなると、それも難しくなってきます。大人がかけ声をかけて歩くリズムを子どもに伝えると、タイミングを合わせやすくなります。

どんなことにつながる？

他者と動きを合わせて社会性もはぐくむ

● **平衡感覚** や **固有感覚** をたっぷり使います。さらには手と足をうまく連動させることや、他者と協調して動くことのトレーニングにもなります。
● 相手の動きに意識を向ける経験は、まわりの人とよい人間関係の土台を作っていくのにも役立ちます。

触覚が **敏感** **鈍感** 平衡感覚が **敏感** **鈍感** 固有感覚が **鈍感**

こんな子に
おすすめ
- 力の加減ができない
- ものの扱いが乱暴
- 階段ののぼりおりが苦手
- 落ちつきがない
- 興味の対象が次々にうつってしまう

アレンジ A
相手の歩調を感じながら

いっしょに前進！

基本のあそびができたら、大人と子どもが同じ方向を向くロボット歩きにチャレンジしましょう。

いち、に
いち、に

横に、後ろに

アレンジAの姿勢で、こんどは横に、後ろにと方向を変えて歩いてみましょう。方向を変えるときは、進む方向を言葉や手の動きで子どもに伝えます。

左に曲がりまーす

アレンジ B
大人のかけ声で方向を変えて

アレンジ C
手と足の動きを合わせて

缶ぽっくり

ロボット歩きができるようになったら、缶ぽっくりにチャレンジしてみましょう。
手でひもを引っぱり上げるようにするのがコツです。

はじめは子どもの足に合った大きさで、低めの缶を選びましょう。

第1章 感覚統合ってなあに？
第2章 ふれあいながらあそぼう！
第3章 道具を使ってあそぼう！
第4章 外で元気にあそぼう！
第5章 気になる姿と支援のヒント

35

ふれあい
あそび

8

おひざエレベーター

ねらい 不安定な場所に立って姿勢を保ったり、相手の動きに合わせてバランスをとったりするあそびです。

発達の目安 アレンジによって、おすわりが安定する6か月ごろから。立つ場合は1歳から。

上にあがりまーす

●基本のあそび方●

1 大人は足をのばして、絵のように座ります。子どもは大人と手をつなぎ、大人のひざの上に立ちます。

2 大人はひざをゆっくり上下に動かしましょう。

ワンポイントアドバイス

子どもが安心できるようにしっかりサポートを

大人は、手をつないだり腰を持ったりして、子どものからだをしっかり支えましょう。

どんなことにつながる？

バランスをとったりからだを支えたりする力に

- 信頼できる大人とのふれあいあそびを通して、揺れることを極端に怖がったり、好んだりといった平衡感覚のつまずきを軽減します。
- ギュッと手をにぎってからだを支える動作は、固有感覚の発達にも役立ちます。

触覚が 敏感 鈍感 　平衡感覚が 敏感 鈍感 　固有感覚が 鈍感

こんな子におすすめ
- ブランコなどの揺れるあそびを怖がる、あるいは大好き
- 乗り物酔いをしやすい
- 砂場など足場が不安定なところが苦手

バスごっこ

おすわりできれば楽しめる！
アレンジ A

大人は足をのばして座ります。子どもは大人の上に座り、バスごっこあそびをします。
「出発進行！」で足を揺らしたり、「右に曲がりまーす！」「坂道でーす！」でからだを傾けたりします。

ユラユラたっち

ひざに乗るのが難しいときは、太ももからチャレンジ。立てるようになったら、大人は足を左右に少し揺らしてみましょう。

ひざの上に立つよりかんたん！
アレンジ B

ひざでバランス

難易度最上級！
アレンジ C

向かい合わせに立って、両手をつなぎます。子どもは大人のひざの上に立って、バランスをとります。

バランスがとれたら、子どもを乗せたまま前に歩いてみましょう！

第1章 感覚統合ってなぁに？
第2章 ふれあいながらあそぼう！
第3章 道具を使ってあそぼう！
第4章 外で元気にあそぼう！
第5章 気になる姿と支援のヒント

37

ふれあいあそび 9

ロケットジャンプ

ねらい リズムよくからだ全体を屈伸させたり、両足をいっしょに動かしたりするあそびを通して、ジャンプの動作の基本を身につけます。

発達の目安 立ち姿勢が安定する1歳ごろから。

●基本のあそび方●

1 向かい合わせになり、大人はしゃがんで子どもの脇をしっかり支えます。

いち、に、

さーん！

飛び上がる気持ちよさを感じましょう！

2 「いち、に、さーん！」とリズムをつけて、大人は子どもが飛び上がろうとするタイミングで持ち上げます。

ワンポイントアドバイス

平衡感覚の敏感さで上下の動きを怖がる子も

平衡感覚が敏感な子は、飛び上がる、飛びおりるなどの上下運動が苦手な場合があります。そんな子は、基本のあそびであっても怖く感じるものです。無理をせず、安心できる速さ・高さから少しずつ慣れていきましょう。

どんなことにつながる？

右足と左足を同時に動かす練習に

●ジャンプの動作で大切なのは、左右の足で同時に地面をける協調運動です。大人のかけ声といっしょにからだを動かすことで、タイミングよくからだを屈伸させる動きの練習になります。大人と協調するトレーニングにもなります。

| 触覚が | 敏感 | 鈍感 | 平衡感覚が | **敏感** | 鈍感 | 固有感覚が | **鈍感** |

こんな子に
おすすめ
- 階段ののぼりおりが苦手
- 両足をそろえてジャンプすることができない
- 「高い高い」をいやがる
- ブランコなどの揺れる遊具を怖がる

基本のあそびを怖がる子は

アレンジ A

ワンツーたっち

子どもはしゃがんだ姿勢から「いち、に、さーん！」で立ち上がります。
安心できるあそびを通して**平衡感覚**を使い、からだの動きを覚えていきましょう。

着地チャレンジ

大人は牛乳パックなどで絵のような踏み台を用意します。子どもは踏み台の上から、両足をそろえて飛びおります。

最初は両手をつないで、ジャンプのタイミングに合わせて大人のほうに手を引いてあげましょう。

着地の動きを練習しよう

アレンジ B

ジャンプができる子は

アレンジ C

自分でジャンプ！

大人は両手で目標の高さを設定します。子どもは大人の手にさわれるようにジャンプしましょう。

39

ふれあいあそび 10

おきあがりこぼし

ねらい 崩されてしまった姿勢を、もとに戻す立ち直りの力を引きだすあそびです。少しずつ倒れる角度を深くして、どこまで起き上がれるかチャレンジしましょう。

発達の目安 2歳ごろから。

ワンポイントアドバイス

ちょうどいい力加減を見きわめて

こらえられる力加減は、子どもによって違います。大人は子どもの様子を見ながら、無理なく楽しめるよう、ちょうどいい力加減で押しましょう。

●基本のあそび方●

1 子どもは床に座り、絵のように両手で両足を抱えます。

2 大人は前、横、後ろから子どものからだを押します。子どもは倒れてしまわないようにこらえましょう。

どんなことにつながる？

傾いたからだを立て直す力に

- **平衡感覚**や**固有感覚**を使って姿勢を立て直す動きは、乗り物のなかで急ブレーキがかかったときなどに、傾いたからだをもとに戻す動作の練習になります。
- 姿勢を保てるようになることは、いすに座って活動や学習に集中する力にもつながります。

触覚が　敏感　鈍感　平衡感覚が　敏感　鈍感　固有感覚が　鈍感

こんな子に
おすすめ
- 乗り物酔いをしやすい　●じっとしていられない　●よく転ぶ
- ブランコなどの揺れる遊具を怖がる

ひざ立ちで

ひざ立ちで向かい合わせになります。大人は両手で子どもの肩を押します。子どもはからだがまっすぐになるように力を入れ、もとの姿勢に戻ります。

アレンジ A 倒れる方向を変えて

前に倒れる動きにもチャレンジしましょう。子どもは大人を信頼して、上体を前に倒します。大人は倒れてきた子どもの肩を押し返します。

輪になって

子どもはひざ立ちで輪になり、両手で隣の人と手をつなぎます。
大人は「かいじゅうが来たぞ！」などと声をかけながら、輪の外から子どもたちを押します。子どもたちはおしりがついたり倒れたりしないようにこらえましょう。

アレンジ B みんなで協力しよう！

第1章　感覚統合ってなあに？
第2章　ふれあいながらあそぼう！
第3章　道具を使ってあそぼう！
第4章　外で元気にあそぼう！
第5章　気になる姿と支援のヒント

ふれあい
あそび

ひこうきビューン

11

ねらい ひこうきになりきって、浮遊感を楽しむあそびです。普段の生活では感じられない、床から離れたところでからだが揺れる感覚を味わいましょう。

発達の目安 0歳から6歳まで、個々の発達に合わせたアレンジで。

●基本のあそび方●

1 大人はひざを立てて座り、子どものからだをすねにもたれさせます。

2 両手をしっかりつないだら、大人はゴロンとあお向けに転がります。絵のように子どもを足に乗せ、バランスをとりましょう。

ワンポイントアドバイス

**刺激の大きさは
ひとりひとりに合わせて**

子どもが怖がるようなら位置を低くする、「もっとやって」とせがむようなら大人の足裏に子どもを乗せてもっと高くするというように、ひとりひとりの感覚の受け止め方に合わせて、あそびの内容を調節しましょう。

ビューン！

どんなこどもにつながる？

感覚刺激で満たされると
行動も安定する

●座っていても落ちつきがなかったり、じっとしていられずあちこち動いてしまったりする場合、**平衡感覚**への情報量をもっとほしがっているからかもしれません。そんな子は、感覚のコップ（→11ページ）が満たされることで行動も落ちついていきます。

触覚が 敏感 鈍感　平衡感覚が **敏感** **鈍感**　固有感覚が **鈍感**

こんな子におすすめ
- 揺れるあそびを怖がる、あるいは大好き
- 落ちつきがない
- じっとしていられない
- ボディイメージが乏しい

ユラユラひこうき

だっこでひこうき気分！
アレンジ **A**

大人は子どもの腰と脇を支えて、持ち上げます。子どものからだが前後に揺れるように、ユラユラと動かします。

タオルひこうき

午睡用のタオルケットやシーツなど、大きめの布を用意します。子どもは布の中央にうつぶせで寝転がります。大人は2人でそれぞれ布の両端を持ち、布を持ち上げて左右に揺らします。

安全に注意して低い位置から行いましょう。

自分でバランスをとれない子は
アレンジ **B**

合体ひこうき

自分でポーズを作ろう！
アレンジ **C**

大人は子どもの後ろに立って、子どもを腰の位置まで持ち上げます。子どもは両足で大人の腰をはさみます。大人は子どものからだをしっかり持って、上下左右に動かします。

ふれあい
あそび

12

でんぐり返し

ねらい 安心できるふれあいのなかで、からだが回転する感覚を楽しむあそびです。

発達の目安 基本のあそびは、手をにぎりからだを持ち上げることができる3歳ごろから。
アレンジA、Bは、子どものからだを大人の足にのせられる1〜2歳ごろまで。

●基本のあそび方●

1 大人と子どもで向き合って立ち、お互いの両手をしっかりにぎります。

2 子どもは大人のひざに足をかけてのぼります。

3 クルンとからだを回転させて、足を床に着地させます。

ワンポイントアドバイス

重心を安定させてしっかり支えよう

基本のあそびは、大人が子どものからだをしっかり支えることが大切です。少しひざを曲げて腰を落とすと、重心が安定します。

どんなことにつながる？

鈍感さ、敏感さのバランスがとれるように

●**平衡感覚**のアンバランスが整っていきます。「もっともっと」と刺激をほしがる子は、気持ちが満たされる経験を重ねることでだんだん落ちつきます。「回転が怖い」という子は、無理のないやさしいあそびで成功体験を重ねれば、「大丈夫」「怖くない」と感じられるようになっていきます。

| 触覚が | 敏感 | 鈍感 | 平衡感覚が | **敏感** | **鈍感** | 固有感覚が | 鈍感 |

こんな子に
おすすめ
- 乗り物酔いをしやすい
- ブランコなどの大型遊具であそべない
- ブランコなどの大型遊具が大好きで離れようとしない

肩からゴロリン

握力がなくても楽しめる **アレンジ A**

1. 大人はひざをのばして座ります。子どもは大人の後ろに立ち、肩の上から両手をそろえて差しだします。
2. 子どもの首とおしりを支え、上半身を倒します。
3. 子どもはそのまま前まわりをして、おしりを大人の足に着地させます。

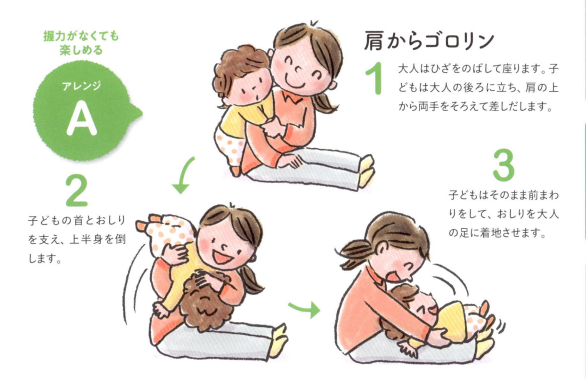

おひざでゴロリン

1. 大人はひざをのばし、その上に子どもをあお向けで寝かせます。

   足首をしっかり曲げて子どもの頭を固定します。

2. 大人は子どもの腰を両手で支え、ひざを立てながら後転させます。

   子どもの姿勢が安定するまで腰を支えましょう。

後ろまわりもひざの上で **アレンジ B**

ふれあいあそび 13

だるまずもう

ねらい ぶつかり合いながら、姿勢を崩さないように「ぐっとこらえる」ということを経験しましょう。体幹の強さやひざ・足首のやわらかさが求められます。

発達の目安 2歳ごろから。

●基本のあそび方●

1 2人で向かい合ってしゃがみ、ひざを抱えてだるまさんになります。おしりは床につかないようにしましょう。

2 「はっけよい、のこった！」の合図で、お互いに押し合います。先に床におしりをついたほうの負け！

ワンポイントアドバイス
力の入れ方のコツをつかんでいこう

重心を安定させたり、力を入れたりするのには、からだの使い方にコツがあります。最初は難しくても、くり返しあそぶうちに、だんだんコツがわかってきます。

どんなことにつながる？
バランスをとったりからだを支えたりする力に

- ものを扱ったり、友だちをさわるときの力加減を調節する力につながります。
- 乱暴に見えていた姿が少しずつ落ちつき、友だちとのトラブルも起きにくくなっていくでしょう。

触覚が **敏感** **鈍感** 平衡感覚が **敏感** **鈍感** 固有感覚が **鈍感**

| こんな子に
おすすめ | ●よく転ぶ ●「ストップ！」と言っても急に止まることができない
●力加減ができない、ものの扱いが乱暴 ●じっとしていられない |

三角ずもう

おしりをついた三角座りの姿勢でスタート。倒れたり、おしりが浮いてしまったりしたら、負け。

最初のポーズが難しいときは

アレンジ A

両手を使ってもOK！

踏んばる力がついてきたら

アレンジ B

石ずもう

子どもは、からだを丸めて石になります。大人は子どものからだを押したり引いたりして、転がそうとします。転がらずにこらえることができるかな？

エイエイ！

慣れてきたら、攻守を交代して、子どもが大人を転がす役になってみましょう。

ふれあいあそび 14

押し当てあそび

ねらい いろいろな素材を押し当ててもらいながら触覚を働かせるあそびです。苦手な手ざわりや敏感な部位を、少しずつ減らしていくのがねらいです。

発達の目安 触覚の発達に応じて0歳から。

●基本のあそび方●

1 子どものそでをまくって腕を出します。

2 大人は、子どもの腕に缶を押し当てながら転がします。子どもがふれられている部位を見ているか確認しながら進めましょう。

そっとふれると抵抗を感じやすいので、しっかり圧を加えるようにしましょう。

ワンポイントアドバイス

からだの部位によって感じ方が違う

「おなかはさわられたくないけれど、背中をギュッとされるのは気持ちいい」というように、触覚の敏感さ・鈍感さが、同じ子のなかに混在していることがあります。「この部位はここまでさわられた」というのを覚えておくと、できることが増えたときに成長を実感しやすくなります。

どんなことにつながる？

ふれあいあそびの土台を作る

●**触覚**の敏感さ（**触覚防衛反応**）が強いために、まわりの大人や友だちとのかかわりが希薄になってしまっている子がいます。このあそびをくり返し、ふれあうことへの抵抗感を減らしていくことで、徐々にじゃれ合ってあそんだり、関係性を深めたりすることができるようになっていきます。

| 触覚が | **敏感** | 鈍感 | 平衡感覚が | 敏感 | 鈍感 | 固有感覚が | 鈍感 |

こんな子におすすめ
- ●大人とのスキンシップ（だっこ・手つなぎなど）をいやがる ●ぼうしやマスクをいやがる
- ●特定の手ざわりをいやがる ●ばんそうこうを貼ってもすぐ取ってしまう

アレンジ A
素材を変えて難易度アップ！

目の詰まったたわしより、目の荒いヘアブラシのほうが抵抗を感じやすいというケースも。

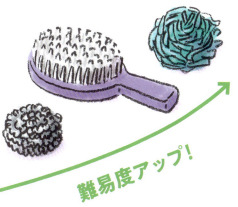

難易度アップ！

1つずつ試そう！

触覚が敏感な子は、接触面が小さいものより大きいもの、温かいものより冷たいもの、やわらかいものよりかたいもののほうが、抵抗なく受け入れられる傾向があります。無理なく受け止められるものを選びましょう。

アレンジ B
ボディイメージのあそびに発展！

シール探し

子どもが好きな絵柄のシールを、からだに貼ります。大人は「○○さん、どーこだ？」と声をかけ、子どもはシールを探します。

うさぎさんどーこだ！

第1章● 感覚統合ってなあに？
第2章● ふれあいながらあそぼう！
第3章● 道具を使ってあそぼう！
第4章● 外で元気にあそぼう！
第5章● 気になる姿と支援のヒント

49

スモールステップで「自分でできた」を感じよう!

苦手意識から「やりたくない」、そしてもっとできない状態へ……。
そんな負のスパイラルを、断ち切りましょう!

「できない」は小さな「できる」に分けよう

苦手意識は、みんなと比べて「できない」と感じたときに生まれます。前向きに取り組む気持ちも薄れがちです。

そんなときは、あそびを小さなステップに分けましょう。

小さなステップを1段クリアするごとに「できたね!」と声をかければ、子どもが達成感を感じる機会も増えます。そして、「自分でできた」の自信が、次への1歩をあと押ししてくれます。

やりすぎや失敗も学びのチャンス!

やりすぎて転んでしまったり、負けてかんしゃくを起こしてしまったりと、あそびには失敗がつきものです。子どもは、成功と失敗、その両方の経験を重ねながら、「やりすぎ」の感覚や力加減、気持ちの切りかえなどを学びます。葛藤は成長のチャンスです。

大人は、安全を十分に確保しながらも、子どもの学びのチャンスを奪ってしまわないように、上手に見守りましょう。

第3章

道具を使って
あそぼう！

ここからは、身近な道具を使ったり、
簡単にできる手作り道具であそんだりするアイデアを紹介します。
手作り道具は1度作ればくり返し使えるので、
ぜひチャレンジしてみてください！

道具あそび 1

ひみつ袋

ねらい さわるものを隠すことで、手指の感覚をしっかり働かせることができるあそびです。袋からなにが出てくるか、ワクワクする気持ちを共有しましょう。

発達の目安 見えないものを手探りするのが楽しい2歳ごろから。

● 基本のあそび方 ●

1 さまざまな形のつみきを2つずつ5〜6組用意します。それぞれ1つずつ2つの袋に分けて入れ、袋の中身がペアになるように準備しましょう。

ワンポイントアドバイス

怖くてさわれない子には中身を見せておく

触覚防衛反応が強いと、中身が見えないものは怖くてさわれないこともあります。そんな子には、あらかじめ中身を見せておくと、怖さを軽減することができます。

2 大人が片方の袋からつみきを1つ取りだします。

袋は、子どもがなかで手を動かすのに十分な大きさのものに。

3 子どもはもう1つの袋に手を入れ、2と同じ形のつみきを手探りで探し当てます。

どんなことにつながる？

さわられることへの抵抗感をやわらげる

● **触覚防衛反応**がある子のなかには、急にさわられることや、たくさんの人が集まる場所に拒否感を感じる子もいます。手探りあそびや、さまざまなものをさわる経験は、そんな防衛反応をやわらげることにつながります。

触覚が **敏感** **鈍感** 平衡感覚が 敏感 鈍感 固有感覚が **鈍感**

こんな子に
おすすめ
- 特定の手ざわりをいやがる ● 人にさわられるのをいやがる
- 指しゃぶりや自分の腕をかむなどの自己刺激行動がある

好きなものを入れて

あそびへの興味を促す　アレンジ A

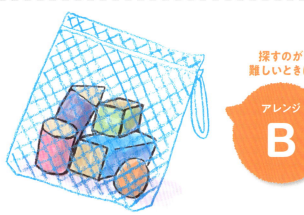

つみきでは興味がもてない子には、お気に入りのものを入れて、大人は「くまさんはどこかな?」というように、言葉で探すことを促しましょう。

まずは「探す楽しみ」「さわる楽しみ」を大切に!

袋を透ける素材に

手探りだけで探し当てるのが難しいようなら、子ども用の袋を洗濯用ネットなど透ける素材のものにかえてみましょう。中身が少し見えることで、探しやすくなります。

探すのが難しいときは　アレンジ B

おもちゃや日用品を入れる

手ざわりにバリエーションを　アレンジ C

普段から慣れ親しんでいるおもちゃや日用品を袋に入れれば、さまざまな手ざわりで、触覚を育てることができます。大人は「○○を出して」と、言葉で探すものを指定しましょう。

第1章 感覚統合ってなあに?
第2章 ふれあいながらあそぼう!
第3章 道具を使ってあそぼう!
第4章 外で元気にあそぼう!
第5章 気になる姿と支援のヒント

53

道具あそび **2**

足踏みマット

ねらい さまざまな肌ざわりを体験するあそびです。触覚の敏感さも鈍感さも、いろいろなさわり心地を経験することが、改善のポイントになります。

発達の目安 0歳から6歳まで。

ワンポイントアドバイス

オノマトペを使って声かけを

足踏みマットを歩くときには、子どもが今感じている感触を、「フワフワ」「ゴツゴツ」「カサカサ」のようにオノマトペにして声かけをしましょう。子どものなかで、体験と言葉がつながっていきます。

●基本のあそび方●

足つぼ用の青竹
人工芝

1

大人は感触の違うマットをたくさん用意します。

ガーデニング用すのこ

バスタオル

梱包用のプチプチ

食器洗い用スポンジ

2

子どもはマットの上を歩きます。感触の違いを感じ、安心できる素材を増やしていきます。

ペットボトルのふた

フェルト

どんなことにつながる？

安心して受け入れられるものが増えていく

●**触覚**が敏感な子は、取りまく世界全体を怖いもののように感じる場合があります。さわれるものが増え、警戒心や防衛反応が軽減されると、拒否や抵抗が少なくなり、まわりのものに興味をもてるようになっていきます。

触覚が **敏感** **鈍感** 平衡感覚が 敏感 鈍感 固有感覚が **鈍感**

こんな子に
おすすめ
- 特定の手ざわりをいやがる
- 大きな集団に入ることに拒否感がある
- 指しゃぶりや腕をかむなどの自己刺激行動がある
- 人にさわられるのをいやがる

手ざわりバッグ

さわり心地を
手で感じる

アレンジ A

二重にジッパーのついた食品用のポリ袋に、保冷剤のジェルをたっぷり入れます。そこに、ボタンやビー玉を入れ、手ざわりや動きに関心を向けられるようにします。

ビー玉 / 食紅 / 色も形もさまざまのボタン

砂バッグ

ジッパーつきポリ袋に砂を入れて、袋越しに砂の感触を感じましょう。

砂や泥が
苦手な子は

アレンジ B

ふうせんマット

からだ全体で
感じよう！

アレンジ C

大人はふくらませたふうせんをふとん圧縮袋に入れて、ふうせんマットを用意します。子どもはその上に寝そべったり、歩いたりしましょう。

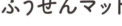

ふうせんが苦手な子もいるので、子どもに合わせて。

第1章 感覚統合ってなあに？
第2章 ふれあいながらあそぼう！
第3章 道具を使ってあそぼう！
第4章 外で元気にあそぼう！
第5章 気になる姿と支援のヒント

道具あそび 3

ふうせん転がし

ねらい ゆっくり動くふうせんを目で追いながら、からだを動かします。
軽くてやわらかいふうせんをつかむときには、力加減の調節も求められます。

発達の目安 0歳から6歳まで、アレンジによって幅広い年齢に。

●基本のあそび方●

床に線を引き、スタートとゴールを決めます。子どもは、ふくらましたゴムふうせんを、スタートからゴールまで、うちわであおいで運びましょう。

子どもが小さいうちは、ゴールを決めずにただ追いかけるだけでも楽しいでしょう。

大きくなったら、友だちと競走する要素を入れると盛り上がります。

ゴールをかごにするのも楽しい！

ワンポイントアドバイス

**色、手ざわり、音……
ふうせんには刺激がいっぱい**

ふうせんには初期感覚を刺激する要素が詰まっています。色のバリエーションだけでなく、大きさや、張り具合などにも変化をもたせると、子どもたちは、あそびながらその違いに気づいていきます。ふうせんが割れるのが怖い子は、紙ふうせんを使ってみましょう。

どんなことにつながる？

目で追いながら、からだを動かす

● フワフワと動くふうせんを追うあそびは、**目とからだの協応**を育てます。ぬりえをしたり、文字をマスに収めたりする力にもつながります。

● 壊れやすいものをそっとつかむ力加減の練習にもなります。

● うちわであおぐ動作は、手首のスナップを利かせる練習にもなります。

触覚が **敏感** **鈍感** 平衡感覚が **敏感** **鈍感** 固有感覚が **鈍感**

| こんな子に
おすすめ | ● ボールを使ったあそびが苦手　● ぬりえで色が大きくはみだしてしまう
● 興味の対象が次々にうつってしまう |

ふうせんキャッチ

向かい合わせに座り、ふうせんを投げたり転がしたりして、キャッチボールを楽しみましょう。

ふうせんあそび
最初の1歩！

アレンジ
A

ふうせん集め

大人は、たくさんのふうせんをばらまきます。「よーい、ドン！」の合図で、子どもはふうせんを取りにいき、大人のところまで戻ってきます。

友だちと
いっしょに

アレンジ
B

ふうせんバレー

大人がふうせんを高く跳ね上げたらスタート！ 子どもたちは、落ちてくるふうせんを手ではじき、床につかないようにします。
友だちとぶつからないようにしながら、ふうせんの動きを追いましょう。

みんなで
協力！

アレンジ
C

| 道具あそび 4 | # おそうじごっこ |

| **ねらい** | 「自分もやってみたい」という気持ちを満たしながら、ほうきとちりとりの扱い方を身につけます。あそびを通して生活の土台をはぐくんでいきましょう。 |
| **発達の目安** | 大人のまねをしたがる2〜3歳ごろから。 |

●基本のあそび方●

1 大人は、床にビニールテープで円をかき、ゴミに見立てた色画用紙をまわりにばらまきます。

色画用紙は、こんなふうに蛇腹に折っておくと、くり返し使えます。

 ❶ のり
 ❷ 谷折り
 ❸ 谷折り
 ❷と❸をくり返して完成！

2 子どもは、ほうきでゴミを円のなかに集めます。

ワンポイントアドバイス

ゴミを集める場所を少しずつ小さくしていく

いきなり、ほうきとちりとりの両方を同時にコントロールするのは難しいもの。まずは大きな円に入れる、次は小さな円に、さらに、大人が持ったちりとりに入れる……というふうに、少しずつせまい場所に集められるようにしていきましょう。

 どんなことにつながる？

自分でできることが次の意欲につながる

- 肩関節から動かす**粗大運動**、手首などの動きを調節する**微細運動**、さらに目と手を協応させる力もはぐくみます。
- 生活のことを「自分でできる」と実感できる経験は、子どもにとって大きな自信となり、「もっとやりたい」という意欲にもつながっていきます。

触覚が **敏感** **鈍感** 平衡感覚が **敏感** **鈍感** 固有感覚が **鈍感**

こんな子におすすめ
- 力加減ができない、ものの扱いが乱暴
- ぬりえで色が大きくはみだしてしまう
- 手指の細かな動作が苦手
- 興味の対象が次々にうつってしまう

水切りワイパー

腕の大きな動きだけでできる水切りワイパーは、ほうきよりもかんたんです。ほうきの扱いが難しい子は、窓ふきや鏡のおそうじのお手伝いから始めてみましょう。

ほうきの扱いが難しいときは

アレンジ A

アレンジ B

ほうきの扱いに慣れてきたら

ちりとり係

ほうきができたら、こんどはちりとり係にも挑戦！ ちりとりをどう動かせばゴミを集められるか、コツをつかみましょう。

ぜんぶ自分で！

アレンジBまでできるようになったら、ほうきもちりとりも、両方自分で持ってやってみましょう！

これができたら大したもの！

アレンジ C

第1章 感覚統合ってなあに？
第2章 ふれあいながらあそぼう！
第3章 道具を使ってあそぼう！
第4章 外で元気にあそぼう！
第5章 気になる姿と支援のヒント

59

道具あそび 5

水うつし

ねらい 水を注ぐ動作には、肩やひじ、手指の動きの細かなコントロールが求められます。スモールステップに分けて、少しずつコツをつかんでいきましょう。

発達の目安 大人のまねをしたがる2〜3歳ごろから。

●基本のあそび方●

1 おたま1つとボウルを2つ用意し、片方のボウルに水を入れておきます。

2 おたまで水をすくい、もう1つのボウルにうつします。

ワンポイントアドバイス

ガラス製品を使ってものの大切さを学ぶ

家庭で取り組むなら、ガラス製品を使ってみるのもおすすめです。ものが割れたり壊れたりすること、ものをていねいに扱うことを学べます。
また、ガラス製品は重みがあって安定しやすく、固有感覚をしっかり使えるというメリットもあります。

子どもの手のサイズに合った道具を選ぶことが大切です。

どんなことにつながる？

手首の動きの器用さを育てる

●おたまを使ったり、水をコップに分けたりするのには、腕や手首の曲げ具合を微調整することが求められます。いきなりやると失敗して水をこぼしてしまうかもしれませんが、大きなボウルを使うあそびから始めることで、スモールステップでうまくできるようになっていきます。

触覚が　敏感　**鈍感**　平衡感覚が　敏感　鈍感　固有感覚が　鈍感

こんな子におすすめ
- 力の加減ができない
- ものの扱いが乱暴
- スプーンを使ったり、ボタンをかけたりという手指の細かな動作が苦手

べつの道具を使って
アレンジ **A**

コップに分ける

ピッチャーの水を、いくつかのコップに分けて注ぎます。こぼさないようになったら、コップの水がだいたい同じくらいの量になるように、意識してみましょう。

ぴったり注ぐ

大人は空のコップにビニールテープやマスキングテープで線を引きます。子どもは、線の高さぴったりになるように、水を注ぎましょう。

さらにレベルアップ！
アレンジ **B**

手指の微細運動にチャレンジ！
アレンジ **C**

スポイトを使う

水、スポイト、試験管を用意します。子どもはスポイトで水を吸い取り、それを試験管にうつします。

水に色をつけるとわかりやすい！

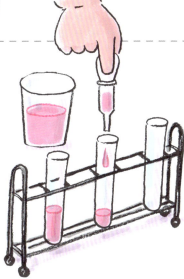

61

道具あそび 6

ふきんしぼり

ねらい はきそうじとともに、子どもに人気のふきそうじ。その前段階となるしぼる動作を、スモールステップに分けて、少しずつ練習しましょう。

発達の目安 大人のまねをしたがる2〜3歳ごろから。

●基本のあそび方●

1 ふきんをぬらし、下のように持ちます。

2 ふきんをギュッとひねってしぼります。くり返しひねって、できるだけかたくしぼりましょう。

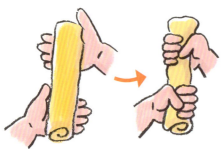

ふきんの先端を下に向けるようにします。

ワンポイントアドバイス
手の大きさに合った道具を選ぶ

ほうきやちりとりなどもそうですが、両手でにぎってひねるふきんは、とくに道具の大きさへの配慮が大切です。ふきんを半分に切ったくらいの大きさが、厚みも大きさも子どもの手にぴったり。

どんなことにつながる？

大人のようにふきたい、しぼりたい

- 机をふくお手伝いは大人気ですが、難しいのがふきんしぼり。にぎり方、ひねり方を1つずつマスターしていきましょう。
- 「自分でできた」という経験は自己効力感にもつながっていきます。

| 触覚が | **敏感** | 鈍感 | 平衡感覚が | 敏感 | 鈍感 | 固有感覚が | **鈍感** |

こんな子に
おすすめ
- ●力の加減が難しい ●ものの扱いが乱暴 ●水や泡が好き
- ●スプーンを使ったり、ボタンをかけたりという手指の細かな動作が苦手

にぎるのが難しい子は

アレンジ **A**

せっけんブクブク

大人はボウルのなかに水と液体せっけんを少し入れておきます。
子どもはボウルのなかでスポンジをにぎったりはなしたりして、せっけんを泡立てましょう。

スポンジしぼり

ボウルを2つ用意し、片方に水を入れておきます。子どもはスポンジに水を含ませてから、もう1つのボウルにうつします。

**しぼる経験を
スポンジで**
アレンジ **B**

**これでお手伝いは
お任せ！**

アレンジ **C**

机ふき

かたくしぼったふきんを広げたら、その上に「パー」の形にした手を乗せて、机をふきます。食事の前のお手伝いにもぴったり！

道具あそび 7

タオルでそりあそび

ねらい タオルの上から落ちないように、バランスをとるあそびです。
平衡感覚と同時に、にぎる力や体幹で姿勢を保つ力を育てることができます。

発達の目安 0歳から6歳まで、その子の感覚に合わせたアレンジで。

●基本のあそび方●

子どもはバスタオルの上にうつぶせで寝転がってつかまります。大人はバスタオルの端を持って、引っぱります。

ワンポイントアドバイス
楽しいと感じられるアレンジを見きわめる

平衡感覚の敏感さによって、おもしろいと感じるアレンジは違ってきます。ひとりひとりの様子を見ながら、その子に合った難易度のアレンジを選びましょう。怖がる子は、うつぶせの姿勢から始めるのがおすすめです。

どんなことにつながる？

平衡感覚と固有感覚を使って姿勢を保てるように

- 不安定なところでバランスをとったり、手や腕の力でぐっとにぎったりする経験は、姿勢を保つ力につながります。
- おんぶやだっこのときにしがみつく動きのトレーニングにもなります。

| 触覚が | 敏感 | 鈍感 | 平衡感覚が | 敏感 | 鈍感 | 固有感覚が | 鈍感 |

こんな子におすすめ
- 乗り物酔いをしやすい
- 砂場など足場が不安定なところが苦手
- おんぶをしてもしっくりこない
- しがみつく力が弱い

座った姿勢で

タオルの上で座ってみましょう！ タオルの端をしっかりつかみ、からだ全体でバランスをとって、倒れないようにするのがポイントです。

アレンジ A 座ってできるかな？

こんなふうにタオルの角を結ぶと、バランスがとりやすくなります。

箱を使って

タオルのかわりに段ボール箱を使いましょう。箱には丈夫なひもをつなぎ、引っぱります。箱が安定していれば、引っぱる役を子どもがやってもOK！

アレンジ B アレンジAが難しいときは

立ってすべろう！

大人はタオルを1枚腰に当てます。引っぱられる人は、そのタオルの両端を手に持ち、もう1枚のタオルを足の下にしきます。さあ、出発進行！ タイミングを合わせて前に進みましょう。

アレンジ C タオル2枚で超上級編！

力がついてきたら、引っぱる役を子どもが担当してみましょう。

道具あそび 8

新聞パンチ

ねらい 大きな新聞紙を破ったりちぎったりすることで、からだ全体を使った粗大運動あそびを楽しみましょう。固有感覚をたっぷり使うことができます。

発達の目安 0歳から6歳まで、アレンジによって幅広い年齢に。

●基本のあそび方●

1 大人は新聞紙を広げます。子どもはパンチで新聞を破ります。

ワンポイントアドバイス

新聞紙は万能のおもちゃ！

あそびの後の新聞紙は、ポリ袋に詰めてボールにしたり、ちぎり絵の材料にしたりすることもできます。自由な発想で、アレンジを増やしていきましょう。

2 こんどはキック！ 新聞紙を小さく折りたたんだり重ねたりすると、難易度がアップします。

どんなことにつながる？

力加減のコントロールができるように

● 力いっぱいパンチをしたり、そっと破って細長くしたり。目的に応じて力の入れ具合をコントロールする経験を重ねることができます。
● ものを乱暴に扱って壊してしまったり、友だちをつき飛ばしてしまったりという行動を減らすことにもつながります。

触覚が **敏感** **鈍感** 平衡感覚が **敏感** **鈍感** 固有感覚が **鈍感**

| こんな子に おすすめ | ●力の加減ができない　●ものの扱いが乱暴　●落ちつきがない ●よくものや人にぶつかる　●よく転ぶ　●手指の細かな動作が苦手 |

0歳から素材に親しむ

アレンジ **A**

新聞クシャクシャ

手のひらサイズにした新聞紙をつまんで手ざわりを感じたり、にぎって音を出したり。広告などの紙を使えば、素材の違いも感じられます。

新聞ヘビさん

大きな新聞紙を、細く長ーく破りましょう。途中でちぎれないようにするためには、指先や関節の力加減も大切です。

破るきっかけになる切りこみを入れておけば、2歳くらいから楽しめます。

指先も使おう

アレンジ **B**

破った紙を利用して

アレンジ **C**

新聞落ち葉

細かく破いた新聞紙を両手ですくって、高く高く舞い上がらせましょう！ 落ち葉のようにヒラヒラと舞いおりてくるのをながめることは、目でものを追う動きのトレーニングになります。

第1章 ● 感覚統合ってなあに？
第2章 ● ふれあいながらあそぼう！
第3章 ● 道具を使ってあそぼう！
第4章 ● 外で元気にあそぼう！
第5章 ● 気になる姿と支援のヒント

67

道具あそび 9

あめんぼ歩き

ねらい 新聞紙を破らないようにそっと歩いたり、くぐったりするあそびです。力加減をコントロールしながらからだを動かすことが求められます。

発達の目安 片足立ちができるようになる3歳ごろから。

ワンポイントアドバイス

難しいときは紙の素材で調節を

新聞紙だとすぐに破れてしまう場合は、広告の紙や画用紙など、厚みのある紙を使ってみましょう。

●基本のあそび方●

新聞紙に穴を2つあけます。穴に足を入れて、破れないようにそーっと歩きます。

慣れてきたら、スタートとゴールを決めたり、友だちと競走したりして、あそびを発展させましょう。

どんなことにつながる？

からだ全体をそーっと動かす

●力を加減したりバランスをとったりするのが苦手な子にとって、自分のからだをそーっと動かすのは難しいものです。これができるようになることは、壊れやすいものをやさしく扱ったり、まわりの人に配慮して静かに行動することにつながります。

| 触覚が | 敏感 | **鈍感** | 平衡感覚が | 敏感 | 鈍感 | 固有感覚が | **鈍感** |

こんな子に
おすすめ
- 力の加減ができない
- ものの扱いが乱暴
- じっとしていられない
- あちこちよくぶつかる
- 着替えが苦手
- ボディイメージが乏しい

**平衡感覚を
はぐくむ
アレンジ A**

新聞わたり

足より少し大きいくらいの新聞紙を並べ、落ちないようにわたりましょう。

勢いよく乗ると新聞がすべって転んでしまう可能性があります。大人は声をかけてそっと乗るように促しましょう。

新聞トンネル

穴をあけた新聞紙を、2人でかかげ持ちます。もう1人が新聞紙を破らないように穴をくぐります。

**ボディイメージを
はぐくむ
アレンジ B**

新聞紙を持つ高さや、穴の大きさで、難易度を調節しましょう。

**みんなで
あそびたいときは
アレンジ C**

新聞じゅうたん

新聞紙をテープで床に留めます。子どもたちは、1人ずつ順番にその上に乗ります。何人乗れるか、チャレンジしましょう！

人にふれられるのが苦手な子は、最後に乗ることで、負担を減らすことができます。

第1章 感覚統合ってなあに？
第2章 ふれあいながらあそぼう！
第3章 道具を使ってあそぼう！
第4章 外で元気にあそぼう！
第5章 気になる姿と支援のヒント

道具あそび 10

ねんどであそぼう!

ねらい ヘラやポリ袋を使うことで、ねんどをさわるのが苦手な子も、スモールステップでねんどに親しむことができます。

発達の目安 ヘラなどを扱えるようになる2歳ごろから。

●基本のあそび方●

1 ねんどを小さくちぎります。難しい子はヘラを使ってもOK! いろんな種類のヘラを使って楽しみましょう。

大人は、子どもができないところを手伝ってあげましょう。

※小麦粉ねんどを使用するときは、子どものアレルギーの有無に十分注意してください。

ワンポイントアドバイス

ベタつきの少ない紙ねんどや小麦粉ねんど

油ねんどのベタベタした感触が苦手な場合は、比較的ベタつきの少ない紙ねんどや小麦粉ねんどがおすすめです。小麦粉ねんどは食紅を入れて水をつけて混ぜると、粘り具合や色の混ざり具合を段階的に感じることができます。

2 ねんどの手ざわりに慣れてきたら、ちぎったねんどを、だんご状に丸めて並べましょう。

どんなことにつながる?

手ざわりの苦手をやわらげる

● ねんどあそびを通して触覚をたっぷり使うことは、手ざわりの苦手をやわらげると同時に、触覚の敏感さの改善にもつながります。
● ちぎる、丸める、たたく、のばすなどの動作は、指先、手のひら、腕全体の力の入れ具合を調節する練習にもなります。

70

| 触覚が | **敏感** | **鈍感** | 平衡感覚が | 敏感 | 鈍感 | 固有感覚が | **鈍感** |

こんな子におすすめ
- 特定の手ざわりをいやがる
- ねんどあそびに拒否感がある
- つめかみや指舐めなどの自己刺激行動がある
- 人にさわられるのをいやがる

ポリ袋入りねんど

ねんどに直接さわれない子は アレンジA

ねんどに直接さわれない子には、ポリ袋に入れたねんどを用意します。手で平たくのばしたり、指で押したりしてあそびましょう。

ビー玉隠し

押しこんだり練りこんだり アレンジB

ねんどの上からビー玉を押しこみ、隠します。できるだけたくさん、隠しましょう。

ビー玉探し

友だちとあそぼう！ アレンジC

アレンジBで隠したビー玉を、こんどは探しだしましょう。友だちとねんどを交換して、相手の隠したビー玉を探すのも楽しい！

第1章 感覚統合ってなあに？
第2章 ふれあいながらあそぼう！
第3章 道具を使ってあそぼう！
第4章 外で元気にあそぼう！
第5章 気になる姿と支援のヒント

道具あそび

絵の具スタンプ

11

ねらい 色とりどりの絵の具を楽しみながら、その手ざわりにも親しむあそびです。その子の様子を見ながら、無理なく受け入れられるアレンジを選びましょう。

発達の目安 1歳から6歳まで、個々の発達に合わせたアレンジで。

●基本のあそび方●

大人は、画用紙と水で溶いた水彩絵の具を大きめの皿に用意します。子どもは指や手のひらなどに絵の具をつけて、紙にペタッとスタンプします。

どんなことにつながる？

その子に合ったあそびで絵の具の楽しみを知る

●絵の具の手ざわりが苦手でも、道具を使えば安心して絵の具に親しんでいくことができます。まずは「絵の具であそんで楽しかった」という経験を重ねていきましょう。

ワンポイントアドバイス

色選びを楽しみながら苦手意識を軽減する

絵の具の感触が苦手な子も、「好きな色を選ぶ」という楽しみに意識を向けることで、苦手意識を軽減できます。色は自由に選ばせてあげましょう。

触覚が **敏感** **鈍感** 平衡感覚が 敏感 鈍感 固有感覚が 鈍感

| こんな子に
おすすめ | ● のりなどベタベタする感触が苦手、あるいは極端に好む
● 人にさわられるのをいやがる　● 1人で静かにあそぶのが好き |

絵の具にさわるのを
いやがる子は

アレンジ A

カラフルスタンプ

わたやスポンジを布でくるんだスタンプで、絵の具と親しみましょう。ポンポンとたたく強さを変えたり、こすったり……。指でものをつまめるようになる1歳ごろからあそべます。

からだにスタンプ

手や足で絵の具をさわれるようになったら、ボディペイントにチャレンジしてみましょう。まずは自分で見える手の甲や腕から始めると、チャレンジしやすくなります。

いろいろな部位で
絵の具を感じる

アレンジ B

もっと刺激が
ほしい子は

アレンジ C

みんなでスタンプ

小さな刺激では物足りないという子は、大きな模造紙に全身でスタンプしてみましょう！　ただし、苦手な子は絵の具だらけの子が近づいてくるのが怖いので、スペースを分けるなどの配慮を忘れずに。

第1章 ● 感覚統合ってなあに？

第2章 ● ふれあいながらあそぼう！

第3章 ● 道具を使ってあそぼう！

第4章 ● 外で元気にあそぼう！

第5章 ● 気になる姿と支援のヒント

道具あそび 12

タオルつな引き

ねらい タオルを使って、ぐっと踏んばる、バランスをとるなどの動きを練習するあそびです。固有感覚や平衡感覚を使います。

発達の目安 3歳ごろから。

●基本のあそび方●

1 床に1本、線を引きます。子どもは2人でそれぞれタオルの両端をにぎります。

2 「よーい、ドン！」でタオルを引き合います。線を越えてしまったほうの負け。

ワンポイントアドバイス

難しいときは座って行ってもOK

基本のあそびやアレンジAは、立った姿勢が難しければ、座って行うこともできます。手をタオルから離したり、からだが倒れたりしてしまったら負けです。

どんなことにつながる？

踏んばる動きがさまざまな場面で役立つ

●つな引きは、ぐっと踏んばって力を入れ続ける動作の練習になります。急に止まる、自転車をこぎだす、とび箱の踏み切りなど、さまざまな場面で必要になる力です。

| 触覚が | 敏感 | 鈍感 | 平衡感覚が | 敏感 | 鈍感 | 固有感覚が | 鈍感 |

こんな子におすすめ
- 「ストップ！」と言われても急に止まることができない
- 力の加減ができない
- しがみつく力が弱い
- ボディイメージが乏しい

タオルずもう

力の抜き加減を大切に　アレンジA

子ども2人で向き合って立ち、タオル2枚を絵のように持ちます。「よーい、ドン！」でタオルを引っぱり合います。足の位置が動いてしまったほうの負け。

タオルを引っぱったりゆるめたりして、相手のバランスを崩すのがコツ。

クルリンタオル

1人でもできるタオルあそび　アレンジB

足をのばして座ったら、タオルをたたんで頭の上に置きます。足をのばしたまま、落とさないように体を横にクルリーンと1回転。うまくできたら、反対まわりにもチャレンジしましょう。

タオル平均台

高さが苦手な子の平均台　アレンジC

バスタオルを縦に細長くたたみます。子どもは、タオルからはみ出さないように、端から端まで歩きます。

第1章● 感覚統合ってなあに？
第2章● ふれあいながらあそぼう！
第3章● 道具を使ってあそぼう！
第4章● 外で元気にあそぼう！
第5章● 気になる姿と支援のヒント

道具あそび 13	# ゴロゴロマット

ねらい マットの上をゴロゴロ転がるあそびで、平衡感覚をたっぷり使いましょう。自分でからだを転がす動きを作りだすために、固有感覚も使います。

発達の目安 0歳から6歳まで、アレンジによって幅広い年齢に。

●基本のあそび方●

1 マットの下に丸めたマットを入れ、なだらかな坂道を作ります。最初に大人が転がって見せて、モデルを示します。

2 まずは1回転から。上手にできるようになったら、2回、3回と続けて転がってみましょう。

ワンポイントアドバイス

落下や衝突がないよう十分な配慮を

転がる方向をコントロールするのが難しい子もいます。マットから落ちてケガをすることのないよう、しっかり見守りを。何人もいっしょにゴロゴロするときは、十分な数のマットをしいて、子ども同士がぶつからないように配慮しましょう。

どんなことにつながる？

のぼる・くだるでそれぞれ異なる初期感覚を使っている

- 坂をくだるあそびは、回転に加速がつきやすく、**平衡感覚**を使うことができます。
- 坂をのぼったり、まっすぐにのばした姿勢を保ったりするあそびは、**固有感覚**を使って力の入れ具合や関節を調節する動作の練習になります。

| 触覚が | 敏感 | 鈍感 | 平衡感覚が | 敏感 | 鈍感 | 固有感覚が | 鈍感 |

こんな子に
おすすめ
- だっこやおんぶがしっくりこない
- じっとしていられない
- 寝返りが苦手、反り返りがある
- あちこちよくぶつかる、よく転ぶ

寝返りあそび

子どもはマットの上にからだをのばして寝転びます。大人は子どもの腰やおしりを支えながら回転動作をサポートします。

自分で転がるのが難しい子は

アレンジ A

うまくできたら、反対向きにまわったり、途中で止まったりしてみましょう！

基本のあそびが物足りない子は

アレンジ B

ゴロゴロ坂道

基本のあそびのようにマットを準備して、こんどは下からのぼってみましょう！

丸太転がし

1人はマットに横になり、丸太になったつもりでからだをまっすぐのばします。もう1人は丸太をゴロゴロ転がします。転がるときにからだがグニャッと曲がらないように気をつけましょう。

友だちといっしょにあそぼう！

アレンジ C

| 道具あそび | 14 |

フラフープトンネル

ねらい さまざまな大きさ、状態のフラフープをくぐる体験を通して、ボディイメージを育てるあそびです。

発達の目安 0歳から6歳まで、アレンジによって幅広い年齢に。

●基本のあそび方●

大人はフラフープを並べて支えます。子どもはフラフープを端から端までくぐります。

ワンポイントアドバイス

途中ではみだしてしまうときは

途中でコースをはずれてしまう場合は、フラフープ同士の間隔をせまくしたり、ゴールに目じるしを置いたりして、進む方向をわかりやすくしましょう。

どんなことにつながる？

ボディイメージや腕の支持、体幹を育てる

● フラフープをくぐる動作で**ボディイメージ**を育てます。これは、着替えやジャングルジムなどの苦手を軽減することにつながります。

● ハイハイの経験を補うのにも役立ちます。腕の支持や体幹を育て、転びにくいからだを作ります。

触覚が **敏感** 鈍感　平衡感覚が **敏感** 鈍感　固有感覚が **鈍感**

| こんな子に
おすすめ | ●あちこちよくぶつかる　●ハイハイの経験が少ない　●着替えが苦手
●ダンスやなわとびが苦手　●ボディイメージが乏しい |

ずりばいから
ハイハイへ！

アレンジ **A**

ハイハイくぐり

ハイハイを始めたばかりの子には、まずフラフープを1つくぐってみるあそびを。ずりばいが多い子に、おなかを浮かせたハイハイを促すのにも役立ちます。

手つなぎくぐり

数人で、横1列になって手をつなぎます。最初の人は足からフラフープを通し、そのままからだをくぐらせて隣の人にわたします。

手を離さずに、最後の人までフラフープを移動させましょう。

大きめのフラフープで
チャレンジ！

アレンジ **B**

基本のあそびを
レベルアップ！

アレンジ **C**

でこぼこトンネル

大人はフラフープを地面から浮かせます。子どもは手やひざを床につけずに、フラフープをくぐります。

フラフープの大きさを変えると
さらに難易度アップ！

第1章 感覚統合ってなあに？
第2章 ふれあいながらあそぼう！
第3章 道具を使ってあそぼう！
第4章 外で元気にあそぼう！
第5章 気になる姿と支援のヒント

79

Column 2

その子に合った道具・環境を考えよう！

子どもの興味や意欲を引きだし、のばしていくために、
道具・環境を考えたり、その子に合っているか確認したりしましょう。

その道具のサイズ、子どものからだに合っている？

子どもが大人の姿を見て「自分もやってみたい！」と興味をもっても、同じ道具を使えば当然「大きすぎる」「重すぎる」となり、そのせいで子どものチャレンジは失敗に終わってしまうでしょう。

子どもの好奇心を満たし、芽生えた意欲を育てるためには、その子に合った道具が欠かせません。とくに、日常的に使うものは、子ども目線で確認し、子どもサイズで扱いやすいものを選んでください。

環境へのひと手間で子どもが過ごしやすい場所に

発達につまずきのある子には、苦手なことを環境でサポートすることも大切です。例えば片づけが苦手な子も、収納場所に写真を貼ることで、自分でも片づけに参加できるようになるでしょう。

ちょっとしたことですが、その子の過ごしやすさや自己肯定感は大きく変わります。

おもちゃの置き場所を写真で示す

座る位置に線を引くことで、自分の場所がわかる

第 **4** 章

外で元気に
あそぼう！

お日さまや風を感じながら、
ノビノビとからだを動かすことができる外あそび。
小さな子が取り組めるアレンジも
たくさん紹介します。

外あそび 1

なりきり鉄棒

ねらい 動物などになりきって、ぶら下がったり、ユラユラ揺れたり、からだをグルンと回したり。鉄棒あそびでさまざまな刺激を味わいましょう。

発達の目安 大人がサポートすれば1歳ごろから。自力でぶら下がるのは2歳ごろから。

●基本のあそび方●

1 鉄棒にぶら下がって、おサルさんになりきりましょう!

> **ワンポイントアドバイス**
>
> ### 小さな「できた!」を見逃さない
>
> 鉄棒への苦手意識は「自分にはできない」という思いから生まれます。大人は、「鉄棒をにぎれた」「足を地面から離すことができた」など、子どもの小さな「できた」を見逃さず、達成感につながる声かけを心がけましょう。

2 しっかりぶら下がれるようになってきたら、前後に体を揺らしたり、足裏をパチンと打ち合わせたりと、動きをプラス!

パン!

どんなことにつながる?

固有感覚、平衡感覚を育てる

●鉄棒あそびは腕や背筋のトレーニングになります。また、からだを揺らしたり、回転させたりする動きは**平衡感覚**の獲得にもつながります。これらの力は、転びそうになったときにぐっとこらえる、転んだときに手をついて身を守るなどの動作の土台になります。

触覚が **敏感** **鈍感** 平衡感覚が **敏感** **鈍感** 固有感覚が **鈍感**

こんな子におすすめ
- じっとしていられない
- 乗り物酔いをしやすい
- 転んだときに手が出ない
- しがみつく力が弱い
- ハイハイの経験が少ない

アレンジ A まずは鉄棒に慣れることから

揺りかご

大人はしっかり子どものからだを支えます。子どもは両手で鉄棒をつかんで、鉄棒にぶら下がる楽しさを感じましょう。

ナマケモノ

手で鉄棒をつかみ、両足を鉄棒に引っかけます。ぶら下がれたら、10秒間、地面に足をつけずに姿勢をキープ！

アレンジ B 手と足でしがみつく

アレンジ C からだ全体を1回転！

コウモリ

腕の力が十分についてきたら、足を鉄棒に引っかけてみましょう。慣れてくると、「まわりたいな」と思えるようになっていきます。

外あそび 2

ユラユラブランコ

ねらい 宙に浮いて揺れる感覚は、平衡感覚の発達にとって重要な刺激。
怖がる子、「もっと」とねだる子、どちらもアレンジしながら楽しみましょう。

発達の目安 大人といっしょならおすわりが安定する7か月ごろから。

● 基本のあそび方 ●

ブランコを怖がる子は……

平衡感覚が敏感だと、わずかな揺れでも怖いもの。大人は子どもの背中の中心をやさしく押して、無理のない範囲で揺らしましょう。ガードのついたバケット型のブランコもおすすめです。

「もっと」とねだる子は……

平衡感覚が鈍感な子は、刺激をたくさんほしがります。大人は子どもの背中を押して、強く揺らしましょう。本人が「もういい」と言ってやめるまで続けます。

からだが左右にブレないように。

ワンポイントアドバイス

いくつかの部位を同時に動かすのが苦手?

ブランコがうまくこげない子は、手と足、上半身と下半身など、複数の部位を連動させて動かす協調運動が苦手という場合があります。

どんなことにつながる?

「ちょうどいい」の感覚を育てる

● **平衡感覚**が敏感な子は、安心できる揺れ具合で「もう少しやりたい」という気持ちをもてるようになります。

● 鈍感な子は満足できる経験を重ねることで「これ以上はやらなくていい」という気持ちをもてるようになります。

触覚が 敏感 鈍感 平衡感覚が 敏感 鈍感 固有感覚が 鈍感

| こんな子に
おすすめ | ●ブランコなどの揺れるあそびを怖がる、あるいは極端に好む
●じっとしていられない　●乗り物酔いをしやすい |

だっこブランコ

ブランコを怖がる子は **アレンジ A**

怖くて乗れない子や、しっかりにぎれずブランコから落ちてしまう子は、大人が抱いていっしょに座り、安心しながら、揺れる感じを味わいましょう。

こぎだしチャレンジ

自分でこぐのが難しいときは **アレンジ B**

うまくこぎだせない子には、こぎだす前にどこまで下がればよいか、地面に補助線を引きましょう。子どもは「ここまで下がれば勢いがつくんだな」と理解できます。

つま先タッチ

目の動きもプラス! **アレンジ C**

大人はブランコの横から手をかかげます。子どもはブランコをこぎながら、つま先で大人の手のひらをタッチ!

外あそび 3

しっぽ取り

ねらい 相手の動きに合わせてすばやく動くことが求められるあそびです。ルールを守りながら、友だちとあそぶ楽しさも感じられます。

発達の目安 友だちとあそぶなら3歳ごろから。大人とあそぶなら1歳ごろから。

しっぽはビニールひも、ハンカチ、タオルなど、腰にはさめるものならなんでもOK！

●基本のあそび方●

1人1本、腰にひもをつけて、しっぽ取りスタート！しっぽを取られたら、そこで負け。最後までしっぽをつけていた子の勝ち。

ワンポイントアドバイス

負けてくやしい涙は成長のあかし

勝ち負けのあるあそびでは、くやしくて泣いてしまう子もいます。そんな姿も成長の1つ。「くやしかったね」と共感しながら寄り添いましょう。子どもはくやしい経験を通して、少しずつ、気持ちの切りかえを学んでいきます。

どんなことにつながる？

チームのなかで助け合う経験を

- しっぽ取りは、**目とからだの協応**を育てるのにぴったりのあそびです。動くものを追う眼球運動の育ちにつながります。
- チームを組むあそびでは、チーム全体のために活躍したり、助けてもらったりする経験にもなります。

触覚が 敏感 鈍感　平衡感覚が 敏感 鈍感　固有感覚が 鈍感

| こんな子におすすめ | ●ボールを使ったあそびが苦手　●大人の動きをまねるあそびが苦手
●「ストップ！」と言われても急に止まることができない　●動くものを目で追うのが苦手 |

アレンジ A
歩けるようになったばかりの子は

大人がしっぽを担当

大人がたくさんしっぽをつけて、子どもがしっぽを取りましょう。小さな子でもあそべます。

大人は、子どもの動きに合わせて逃げるスピードを調節します。

予備しっぽで復活！

あらかじめしっぽ置き場に予備のしっぽを置いておきます。しっぽを取られた子は、しっぽ置き場で新しいしっぽをつけて復活！時間内にたくさんしっぽを集めた子の勝ち。

アレンジ B
ルールを変えて敗者復活！

アレンジ C
チームであそぶ楽しさを

チームを組んで

しっぽやぼうしの色でチームに分けます。最後までしっぽを取られずに残っていた子の人数が多いチームが勝ち！

第1章● 感覚統合ってなあに？
第2章● ふれあいながらあそぼう！
第3章● 道具を使ってあそぼう！
第4章● 外で元気にあそぼう！
第5章● 気になる姿と支援のヒント

87

| 外あそび 4 | # 砂あそび |

ねらい ひとりひとりの触覚の敏感さに応じたアレンジで、砂あそびを楽しみます。
砂あそびの経験を重ねながら、さわれるものを増やしていきましょう。

発達の目安 なんでも口に入れたり舐めたりしなくなったころから。

●基本のあそび方●

砂に手を押しつけて、手形をつけてみましょう。

ヘ◯タッ

ワンポイントアドバイス

**どうしてもさわれないときは
砂をポリ袋に入れて**

なかには砂つぶが手につくのもイ
ヤ! という子もいます。そんなとき
は、ジッパーつきのポリ袋に砂を
入れて、袋越しの手ざわりに慣れ
ることからスタートしてみましょう
(➡ 55 ページ)。

どんなことにつながる？ 💡

砂場あそびから世界を広げる

●砂場にあるのは、ザラザラした砂だけではありません。
すくい取った砂の重み、サラサラと落とす肌ざわり、日
陰と日向の温かさの違いなど、気づけることはたくさん
あります。手でさわれるものが増えることで、その子の世
界も大きく広がります。

触覚が **敏感** **鈍感** 平衡感覚が **敏感** **鈍感** 固有感覚が **鈍感**

こんな子に
おすすめ
- 砂あそびに拒否感がある
- 砂場に入れない
- 人にさわられるのをいやがる
- 砂や土がつくのを極端にいやがる

砂を直接さわれないときは

アレンジ A

うつわでスタンプ

うつわやバケツを砂に押し当てます。砂の上にいろいろな形ができるのを楽しみましょう。

型抜きあそび

うつわやバケツに砂を詰めてひっくり返し、型抜きします。砂を直接さわれない子は、スコップなどを使ってもOK。

砂あそびをステップアップ！

アレンジ B

うまく型抜きできるようになったら、それを積み上げて、ピラミッド作りにチャレンジ！

砂あそびが大好きな子は

アレンジ C

はだしで歩こう

靴も靴下も脱いで、はだしで砂場を歩きましょう！
手でさわるのとはまた違った、新鮮な感覚を体験できます。

不安定な足場を歩くことは、平衡感覚への刺激にもなります。
砂を手ではらうことでボディイメージも育ちます。

第1章 ● 感覚統合ってなぁに？
第2章 ● ふれあいながらあそぼう！
第3章 ● 道具を使ってあそぼう！
第4章 ● 外で元気にあそぼう！
第5章 ● 気になる姿と支援のヒント

外あそび 5

ボールキャッチ

ねらい 動くボールを受け取るあそびを通して、目で見ているものに合わせてからだを動かす経験を積み上げていきましょう。

発達の目安 0歳から6歳まで、アレンジによって幅広い年齢に。

● 基本のあそび方 ●

大人はやさしくボールを転がします。子どもはボールを両手、片足、おしりなど、からだのいろいろな部位でキャッチします。

ワンポイントアドバイス

大きさや素材はキャッチしやすいものを

足やおしりでキャッチするときは、程よい大きさがあるほうがやりやすくなります。また、素材もゴムのようなすべりにくいものを選ぶとよいでしょう。

受け取る部位は、大人が指定するほかにも、「毎回違う姿勢でキャッチしようね」と、子ども自身に考えてもらってもOK！

どんなことにつながる？

ボールあそびのはじめの一歩に

● ボールを投げる・転がす動作には、方向性のコントロールと力加減が必要です。まずはボールの動きに合わせてからだを動かす「キャッチ」の動作から始めることで、ボールあそびに親しみやすくなります。

触覚が 敏感 鈍感 平衡感覚が 敏感 鈍感 固有感覚が 鈍感

| こんな子に
おすすめ | ●ボールを使ったあそびが苦手　●力の加減ができない
●大人の動きをまねるあそびが苦手　●動くものを目で追うのが苦手 |

**ボールあそびの
スタートに**

アレンジ **A**

コロコロキャッチ

大人は「コロコロ〜」と言いながらボールを転がします。子どもがキャッチするタイミングで「キャッチ！」と声をかけましょう。
慣れてくると、子どもから大人に「コロコロ〜」と返せるようになるかもしれません。

バウンドキャッチ

基本のあそびができたら、こんどはバウンドさせたボールをキャッチしましょう。地面を転がるボールではなく、宙を飛んでくるボールをキャッチするので、ちょっと難しくなります。

**バウンドで
レベルアップ！**

アレンジ **B**

**投げ上げで
さらにレベルアップ**

アレンジ **C**

投げ上げ
チャレンジ

ボールを高く投げ上げて、落ちてきたボールをキャッチします。キャッチするまでに、何回手をたたけるかチャレンジしましょう。

第1章 ● 感覚統合ってなあに？
第2章 ● ふれあいながらあそぼう！
第3章 ● 道具を使ってあそぼう！
第4章 ● 外で元気にあそぼう！
第5章 ● 気になる姿と支援のヒント

91

外あそび 6

ボール送り

ねらい ほかの子の動きを見ながら、自分の動きをコントロールする力が求められるあそびです。友だちと協力する楽しさを感じることもできます。

発達の目安 友だちとルールのあるあそびができる4歳ごろから。

● 基本のあそび方 ●

1 子ども数人で縦に並びます。いちばん前の子は、足と足の間からボールを転がして、後ろの子に送ります。

ボールが来るまで、自分の足首を持って待ちましょう。

2 ボールがいちばん後ろの子まで送られたら、反対向きになってくり返します。

ワンポイントアドバイス

友だちと力を合わせて1つの目標に向かう

基本のあそびをチーム戦にしたり、アレンジBをリレーにしたりして、チーム対抗のレースにすると、子どもたちの気持ちも盛り上がります。自分の役割や友だちとの連携を意識しながら活動する練習にもなります。

どんなことにつながる？

目に見えない場所をイメージしながら

- 友だちと気持ちを合わせて1つのことを成しとげる充実感を感じられます。
- 後ろの子にボールを送るあそびでは、見えない部分をイメージしながらからだを動かすトレーニングになります。

| 触覚が | **敏感** | 鈍感 | 平衡感覚が | **敏感** | 鈍感 | 固有感覚が | **鈍感** |

こんな子におすすめ
- ボールを使ったあそびが苦手
- 力の加減ができない
- 大人の動きをまねるあそびが苦手
- ボディイメージが乏しい

見えない場所にボールを送る
アレンジ A

上から送ろう

ボールを足の間ではなく頭の上から送ります。ボールを送る相手が目で見えないので、お互いのからだの位置や姿勢をイメージしながら動きましょう。

のせて運ぼう

スタートとゴールのラインを引いたら、2人でタオルの両端を持ち、ボールをのせて運びます。
コースの途中にUターンを入れたり、リレーにしたりすると、難易度アップ！

2人で息をそろえて
アレンジ B

力加減が重要な
アレンジ C

背中にはさんで！

アレンジBまでをうまくできるようになってきたら、こんどはボールを背中にはさんで運びます。2人でスピードや力加減を合わせて、落とさないように運びましょう。

外あそび 7

長なわあそび

ねらい 長なわとびができるようになる前のあそびです。
固有感覚や平衡感覚、視覚など、複数の感覚を総合的に使います。

発達の目安 アレンジによって、3歳ごろから。

●基本のあそび方●

長なわのまんなかに目立つ色のリボンを結び、大人は左右にゆっくり大きく揺らします。子どもは長なわを跳び越えて、向こう側に走り抜けます。

リボンがいちばん遠くに行ったときに走りだすのがコツです。

どんなことにつながる？

目とからだのチームワークをはぐくむ

●動くなわを見ながら、そのリズムに合わせてからだを動かす長なわあそびは、**目とからだを協応**させる練習になります。
●他者の動きに合わせることの土台にもなっていきます。

ワンポイントアドバイス

走りだすタイミングをかけ声で伝える

長なわとびは、タイミングが重要です。走りだしのタイミングは「今！」や「さん、はい！」など、かけ声をかけて伝えます。友だちの動きを見ながら声をかけるのも、上達のコツです。

触覚が 敏感 鈍感 平衡感覚が **敏感** 鈍感 固有感覚が **鈍感**

こんな子におすすめ
- ダンスやなわとびが苦手
- ボールを使ったあそびが苦手
- 「ストップ!」と言われても急に止まることができない

動くなわが難しい子は
アレンジ A

両足ジャンプ

地面の上に、長なわを一直線にして置きます。子どもは少し離れたところから走っていって、長なわを両足で飛び越えましょう。

くぐり抜け

大人は、まんなかにリボンを結んだ長なわをまわします。子どもはなわに当たらないようにくぐり抜けます。

リボンが自分の目の前を通り過ぎた瞬間に走りだすのがコツです。

ジャンプが難しい子は
アレンジ B

揺らす役割もやってみよう
アレンジ C

ヘビさんジャンプ

なわとびの両端を持って、左右にユラユラ揺らします。波打つなわを跳び越えます。

外あそび 8

ジャングルジム

ねらい ジャングルジムのあそびを、「くぐる」「またぐ」「のぼる」……というように動作ごとに分けてチャレンジ！ 苦手意識のある子も達成感を得やすくなります。

発達の目安 腕の力でからだを支えられる3歳ごろから。

●基本のあそび方●

まずはジャングルジムのいちばん低いところで、棒を「くぐる」「またぐ」をやってみましょう。

1つできたら「できたね！」と声をかけて、子どもの成功体験を積み重ねていきましょう。

ワンポイントアドバイス

「苦手」の理由をていねいに見きわめよう

ジャングルジムが苦手な背景には、いろいろな理由があります。「高さが怖い」「隙間のある足もとが怖い」「中腰姿勢がいや」「ぶつかるのがいや」など。その子の苦手なポイントをていねいに見きわめて、支援にいかしましょう。

どんなことにつながる？

くぐる動作でボディイメージが育つ

●空間の大きさに合わせてからだを動かすことで、**ボディイメージ**が育ちます。自分のからだをコントロールすることが上手になると、状況に応じて、相手との距離のとり方をつかむこともできるようになっていきます。

| 触覚が | 敏感 | 鈍感 | 平衡感覚が | 敏感 | 鈍感 | 固有感覚が | 鈍感 |

こんな子に
おすすめ
- ボディイメージが乏しい
- しがみつく力が弱い
- 程よい距離感をつかめない
- あちこちよくぶつかる

ジャングルジムの側面を使って

アレンジ A

横歩き

ジャングルジムの外側、側面の低いところを、横に移動します。

トンネル歩き

ジャングルジムのなかに入り、低いところを横に移動します。

難しい子は、隙間の少ないリングトンネルや、チューブ状のトンネルから始めるのがおすすめです。

間を通る動きを練習！

アレンジ B

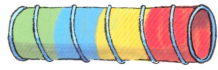

高くのぼる練習をしよう

アレンジ C

トンネルのぼり

ジャングルジムのなかに入り、上へのぼります。うまくできたらいちばん高いところにのぼってみましょう。

外あそび 9

だるまさんが転んだ

ねらい 合図に合わせてからだを止めるあそびです。ピタッと動きを止めたまま、姿勢を保つようにします。

発達の目安 0歳から6歳まで、アレンジによって幅広い年齢に。

ワンポイントアドバイス

止まるまでの時間が予測できるように

急に止まるのが難しい子は、「5、4、3、2、1、ストップ！」のような声かけにして、残りの時間を予測できるようにすると、心の準備をしながら止まることができます。

●基本のあそび方●

1 オニを1人決めます。オニが背を向けて「だるまさんが転んだ」と言っている間に、ほかの子はできるだけオニに近づきます。

2 「だるまさんが転んだ」と言い終わる瞬間、オニが振り返り、ほかの子は動きを止めます。オニに動いているのが見つかったら負けです。

どんなことにつながる？

いざというときにピタッと止まれるように

- 道路への飛びだしの理由は、不注意だけでなく「急に止まる動きが苦手」という場合もあります。このあそびは、いざというときに止まれるからだ作りにもつながります。
- みんなといっしょに行動する場面で、状況に応じて気持ちを切りかえたり、その場の状況に折り合いをつけたりする練習にもなります。

触覚が 敏感 鈍感 平衡感覚が 敏感 鈍感 固有感覚が 鈍感

こんな子に
おすすめ
- 「ストップ!」と言っても急に止まることができない
- 動くものを目で追うのが苦手
- 興味の対象が次々にうつってしまう

まねっこストップ

アレンジ A いろんな姿勢でストップ!

大人は「ひこうきのまねっこできるかな」とお題を言って、ポーズを作ります。子どもがまねできたら「そのまま3つ数えるよ」と姿勢をキープします。

歌ってストップ!

みんなで輪になって、歌をうたいながら腕を振って歩きます。
大人が「ストップ!」と言ったら、子どもたちは歌をやめ、その場に止まります。

アレンジ B 予測できないので難易度アップ!

だるまさんが座った!

アレンジ C 号令に合わせてストップ!

基本のあそびの号令を変えてみましょう。
オニは「だるまさんが座った!」、「だるまさんが片足上げた!」のようにポーズを指定します。ほかの子はオニの言ったポーズで止まります。

外あそび 10

プールであそぼう

ねらい プールが苦手でほかの子といっしょにあそべない子が、水やプールに少しずつ安心して入るためのあそびです。

発達の目安 園でのプールあそびが始まる2歳ごろから。

●基本のあそび方●

肩まで浸かれない子は「腰まで」「おなかまで」のようにかんたんなところから少しずつステップアップを。

ワンポイントアドバイス

「プールが苦手」の理由は人それぞれ

プールが苦手な原因は、水のなかの浮遊感が怖い、なにが起きるかわからない雰囲気が苦手、水しぶきがかかる感触がいやなど、さまざまです。その子を注意深く見守りながら、苦手の原因を見きわめて、適切なサポートを心がけましょう。

1 向かい合わせになって両手をつなぎます。大人は「肩まで入ってみようか」と目標を設定します。

2 「いーち、にー、さーん」と、ゆっくり数をかぞえながら水に浸かります。

3 目標を達成できてもできなくても、大人は「○○ができたね！」とできたところを言葉にして、いっしょに喜びましょう。

おなかまで浸かれたね

どんなことにつながる？

「自分も入ってみようかな」という気持ちに

●プールの苦手意識は、非日常的な雰囲気に対する心理的なとまどいから生まれることがあります。「できる範囲で参加する」を心がけながら、プールあそびの安心感を感じるうちに「気持ちよさそうだな」「自分も入ってみようかな」という気持ちが生まれてきます。

触覚が **敏感** 鈍感 　平衡感覚が **敏感** 鈍感 　固有感覚が 鈍感

こんな子に
おすすめ
- 顔に水がつくのが苦手
- プールに入りたがらない
- 慣れない場所が苦手
- 1人で静かにあそぶのが好き

みんなといっしょが苦手なら
アレンジ A

沐浴プール

みんなのプールから少し離れたところに、たらいやビニールプールを用意。落ちついた環境で、ゆっくり水あそびができるようにすると、安心できます。

このとき、冷たい水が苦手なら、水温を上げて入りやすい環境を整えましょう。

顔パシャプール

プールの水を片手ですくい、ほおや肩につけます。抵抗が少なくなってきたら、両手で水をすくって顔にパシャパシャとかけてみましょう。

水が顔につくのがいやな子は
アレンジ B

触覚が敏感な子は、人にされるより自分でやるほうが、抵抗なく行えます。

プールの楽しみ方は人それぞれ
アレンジ C

プールサイドでお手伝い

水に浸かれない子は、プールサイドで大人のお手伝いをしてみましょう。みんなにおもちゃをわたしたり、水をかけたり。
「自分もいっしょにプールであそんでいる」「プールの時間は怖くない」という気持ちを味わえます。

第1章 ● 感覚統合ってなあに？
第2章 ● ふれあいながらあそぼう！
第3章 ● 道具を使ってあそぼう！
第4章 ● 外で元気にあそぼう！
第5章 ● 気になる姿と支援のヒント

感覚のコップにちょうどいい情報量を

その子にとって気持ちいい情報量で満たされることで
感覚の敏感さや鈍感さは、少しずつ軽減されていきます。

小さなコップには安心できる情報量を

　感覚の受け止め方（コップの大きさ）は人それぞれ、感覚それぞれに違っていて、許容量が小さければ「敏感」、大きければ「鈍感」ということになります（→11ページ）。感覚のコップをちょうどよい情報量で満たすと、敏感な様子や鈍感な様子が軽減されていきます。
　例えば、**触覚**が敏感で砂あそびが苦手な子は、砂をちょっとさわってみるなど、ほんの少しの情報量で、小さなコップが満たされます。次第に「砂あそびは怖くない」と思えるようになり、次はもう少し大胆なあそびにチャレンジできるようになります。

大きなコップには満足できる情報量を

　反対に砂あそびが大好きな子は、砂場でたっぷりあそんで大きなコップを満たす必要があります。でも、満足できる経験を重ねれば「もうこれ以上はいらない」という状態に達します。
　こんなふうに、子どもそれぞれが求める感覚ニーズには違いがあります。それぞれ自分のコップをちょうどよく満たすことで、感覚の使い方、刺激の受け止め方が育ち、つまずきが軽減されていきます。

第**5**章

気になる姿と支援のヒント

ちょっと気になるあんな行動、こんな姿。
第5章では、
そこに隠れた子どもたちの「困った」を見つけ、
軽減していくためのヒントを紹介します。

CASE 1 だっこやおんぶがしっくりこない

0歳〜

だっこしても腕から抜けだそうとしたり、おんぶしてもしがみついてこなかったり。
それは、愛情不足でも、子どもからの信頼が足りないせいでもありません。

どんな「困った」？

だっこが怖い、しがみつき方がわからない

　正面から抱き上げようとすると、両腕をつっぱって拒絶したり、目をそむけたりする子がいます。大人は「なかなか信頼してもらえないな」ともどかしく感じるかもしれません。また、拒絶はしないものの、だっこやおんぶの姿勢が安定しない、しがみついてくれないという場合もあります。

　だっこを拒絶してしまうのは、大人からの愛情が足りないからでも、信頼できないからでもなく、**いつどこをさわられるかわからないのを「なんだか怖い」「不安」と感じるためです**。しがみつかない子は、姿勢を保つ感覚が働かず、**どうやってしがみつけばいいのかわからないのです。**

どうして？1

触覚防衛反応のせいで怖さや不安が生まれる

　対面でのだっこを拒否したり、スキンシップをいやがったりする場合は、**触覚防衛反応**（触覚過敏）が働いているかもしれません。

　その場合は、正面で向き合う形になるだっこはやめて、おんぶをしたり、背中から抱きしめたりしてみましょう。子どもが安心できる位置関係を作ることで拒否感がやわらぎ、スキンシップもとりやすくなります。

どうして？2

平衡感覚のつまずきで姿勢をうまく調節できない

　例えば車でカーブに差しかかると、傾くからだをもとに戻そうと、姿勢を整えるスイッチが入りますよね。これは**平衡感覚**のおかげです。つまり、**平衡感覚**がうまく働かないと、からだが傾いても姿勢をうまく整えられないのです。

　だっこやおんぶの場面で子どもがしがみつこうとしないのは、重心が崩れても、姿勢を整えるスイッチが入らないためです。

支援のヒント 🔑

触覚あそびで触覚防衛反応をやわらげよう

　触覚防衛反応は、**触覚**のなかでも**原始系**の敏感さから生まれます（➡12ページ）。普段のあそびのなかで**識別系**の**触覚**を使うことで、識別系と原始系、両方の**触覚**のバランスを同時に整えていくことができます。

　しがみつくのが苦手な子には、**平衡感覚**を使うあそびがおすすめです。また、姿勢の保持には**ボディイメージ**を育てるあそびも効果的です。

　くり返しますが、「愛情不足」ではなく「感覚のつまずき」であることを理解してください。

CASE 2

0歳〜

ハイハイを したがらない

ハイハイも、ハイスピードの高速ずりばい、片足ハイハイなど十人十色。
なかには、「ハイハイはパス！」と、いきなりつかまり立ちをする子もいます。

どんな「困った」？

どう動けば前に進めるのか わからない

　7〜8か月ごろにずりばいを始め、9か月ごろよつばいになり、1歳前後にはつかまり立ちをするように……これが教科書どおりの発達ですが、実際の子どもたちは個性豊かです。ずりばいのままものすごい速さで進む子、片足だけ立ちひざでハイハイする子、ハイハイではなくおしりを使って移動する子、ハイハイを飛ばしていきなりつかまり立ちをする子……。

　ここにも、感覚の個性が隠れています。「おなかをすったり、足の裏を床につけたりするのはいやだ！」「ハイハイの姿勢は作れたけれど、からだをどう動かせば前に進めるのかわからない」そんな思いを、子どもたちは抱えているのです。

どうして？1
触覚が敏感だと足を床につけたくない

ずりばいの場合は、おなかをこすることになるのでいやがります。よつばいのハイハイは、足の指で床をけることで前に進みますが、足の裏の**触覚**が敏感だと、足を床につけることに拒否感が生まれます。

こうした理由から、**触覚**が敏感なためにハイハイをしたがらず、早い時期からつかまり立ちをするようになる子もいます。

どうして？2
平衡・固有感覚のつまずきがハイハイの個性につながる

よつばいで進むためには、ひざを立て、首、肩、腕、手足の関節をコントロールすることが求められます。ところが**平衡感覚**や**固有感覚**がうまく働かないと、どこをどう動かせばいいのかわかりません。手足をつっぱって高ばいの姿勢をとるところまではできても、前に進めないということもあります。

その子にとって動きやすい姿勢が、個性的なハイハイのスタイルを作ります。

支援のヒント
ハイハイで育つ感覚をあそびで補う

ハイハイは、発達に重要な役割を果たします。手のひらや足の裏の**触覚**、肩・腕の使い方、足でける動き……それらはのちに、ものをつかんだり、転ばないように踏んばったりといった基礎的な動作の土台になっていきます。

でも、ハイハイをしてこなかった子も、その子の月齢や興味に応じたあそびで、必要な経験を補うことができます。とくに26ページや78ページで紹介したあそびは、ハイハイをしてこなかった子におすすめです。

CASE 3

オマルや便座に座るのをいやがる

2歳ごろ～

なかなかオムツからトイレに移行できない……。
その理由、もしかしたら触覚や平衡感覚のつまずきにあるかもしれません。

どんな「困った」？

オムツでいい！

苦手な感触のせいでトイレに座れない

　トイレトレーニングの年齢を過ぎても、オマルや便座に座りたがらない子がいます。オムツが取れない子のなかには、尿意をうまく感じられない子や、生活リズムが乱れているせいで排せつのリズムも不安定になっている子もいますが、単純にオマルや便座に座るのをいやがるようなら、感覚のつまずきが関係しているかもしれません。
　オムツは卒業したい。でも、**「はねてくる水滴がいや」「おしりの下に穴があいているのが怖くて、座りたくない」**などの理由から、「オムツだと安心」になるパターンが見られます。

どうして？ 1

はねた水滴が
肌につく感覚がいや

　1人の子のなかに、**触覚**の鈍感さと敏感さが共存していることがよくあります。「オムツのなかでうんちとふれているのは気にならないのに、不意にはねてくる1滴の水には強い抵抗を感じる」というのもその1つです。また、おしっこがオムツに広がるのは安心できるけれど、オムツのない空中に飛ばすのは不安ということもあります。これらが、オムツがはずせない原因になります。

　ほかにも、ひざの裏に当たる便座の感触が苦手な子、トイレの床に足の裏をつけるのがいやだという子もいます。

どうして？ 2

平衡感覚が敏感で
便座の座り心地が苦手

　平衡感覚が敏感で、穴のあいた便座に座る不安定さを「怖い」と感じる子もいます。これを姿勢不安といいます。

　家庭で大人と同じトイレを使うときなどは、ひざを直角に曲げてしっかり踏みしめられるよう、安定した踏み台を置くと、不安感を軽減できます。

支援のヒント

その子の苦手に合わせて
環境作りを工夫しよう

　触覚に敏感さがある子は、まずからだの「どの部分」が敏感で、「どんな感触」が苦手なのか、ていねいに見きわめましょう。

　便座の感触がいやなら、カバーをつけることで解消できます。はね上がる水滴をいやがる子は、便器のなかにトイレットペーパーを浮かべて水がはねないようにするのもよいでしょう。

　また、カレンダーに「4歳の誕生日からはトイレでする」「パンツをはく」などと書き、変化の見通しが立つようにしておくことで、本人の心づもりができ、移行しやすくなります。

CASE 4 ブランコなどの遊具であそべない

2歳ごろ〜

ブランコ、ジャングルジム、トランポリン……。同じ年ごろの子が喜んであそんでいる遊具なのに、極端に怖がってあそぼうとしない子がいます。

どんな「困った」？

遊具が怖くて、公園や遊園地にも行きたくない

「**ブランコの揺れる感じ、ゾワゾワして怖いよう!**」「**からだが傾くと気持ち悪い**」。本人はこんな気持ちを抱いているのに、まわりの友だちは「こんなに楽しいのに、なんでいっしょにやらないの?」と不思議がる様子。大人も本人の気持ちを理解できていないと「楽しいからやってみようよ」と無理に誘ってしまいます。

まわりの雰囲気に押されてがんばってみるけれど、やっぱり少しも楽しく感じられず、「怖い!」「もういや!」という気持ちが強まってしまいます。

どうして？1
平衡感覚が敏感で揺れる刺激が怖い

　ジェットコースターなどの絶叫マシンに乗ると、**平衡感覚**が強すぎる刺激に反応してゾワゾワするような怖さを感じます。**平衡感覚**が敏感な子がブランコなどで感じるのは、これに似た怖さです。

　遊園地の「ティーカップ」のような回転系の刺激が苦手な子や、トランポリンのような重力を感じる刺激が苦手な子もいます。これらは性格的な臆病さや気持ちの弱さとは、まったく関係ありません。

どうして？2
ボディイメージが乏しくからだの使い方がわからない

　ジャングルジムのような、くぐったりのぼったりするあそびが苦手な子は、**平衡感覚**の敏感さのほかに、**ボディイメージ**の未発達も原因になりえます。ジャングルジムを前にしても、次に手を置く場所や、足をかける位置がわからず、動きだせないのです。

　のぼりはじめたものの、からだのあちこちをぶつけてしまう姿も見られます。

支援のヒント

回転・加速・重力、3種類の「苦手」がある

　平衡感覚のなかでも、回転を感じるところと、加速を感じるところ、重力を感じるところがそれぞれ分かれています。「ブランコは得意だけどトランポリンは苦手」というように、1人のなかに得意と苦手が混在することがよくあります。

　その子の苦手はなんでしょうか？　もっとあそびたいのはどの遊具？　注意深く見守りながら、あそびやアレンジを選びましょう。

●回転　●加速　●重力

第1章　感覚統合ってなあに？
第2章　ふれあいながらあそぼう！
第3章　道具を使ってあそぼう！
第4章　外で元気にあそぼう！
第5章　気になる姿と支援のヒント

CASE 5 砂あそびが嫌い・砂場に入りたがらない

2歳ごろ〜

砂場は子どもの社交場。ところが、「いっしょにあそぼう」と友だちに誘われてもなかなかあそびの輪に入れないでいる子がいます。

どんな「困った」？

みんなといっしょに あそびたいけれど、入れない

　砂場は子どもの社交場です。しかし、泥や砂あそびが苦手で輪に入れず、1人で過ごしたがる姿を見ることがあります。
　彼らは**「自分も友だちといっしょにあそびたいけれど、砂場に入るのはどうしてもいや」「泥だらけの手でさわられたくない」**という気持ちを抱えています。

どうして？ 1

触覚が敏感で
さわるのも汚れるのもいや

触覚が敏感で砂のザラザラした手ざわりが苦手という子は、少なくありません。さらに、「汚れる」「不潔」と感じて砂が肌や服につくのをいやがる子もいます。

汚れるのを気にする子には、終わった後にきれいに手を洗い、「きれいになったね」と声かけを。汚れても、洗えばちゃんときれいになることがわかれば、抵抗がやわらいでいきます。

どうして？ 2

砂の上の不安定な感覚に
抵抗を感じる

触覚ではなく**平衡感覚**の敏感さのせいで、砂場に入れない子もいます。砂の上に立つときの不安定な感覚に抵抗を感じてしまうのです。

足もとの不安定さが苦手な子は、**平衡感覚**を使うあそびを重ねていくことで、敏感さをやわらげ、苦手を克服していくことができます。

支援のヒント

砂に親しむことから
できることを広げていく

生理的に拒否感があるのに強いられては、ますますいやになるばかり。みんなと同じにできることを強要するのはやめましょう。

55ページや88ページのあそびを参考に、まずは砂に親しむことからゆっくりステップを踏んでいけば、少しずつ、できることが広がっていきます。

触覚の敏感さは、社会性の成長にも影響します（➡12ページ）。砂場での友だちづきあいだけでなく、将来にわたって豊かな人間関係を築いていくためにも、ぜひその子の感覚面のつまずきを理解し、ていねいに支援していきましょう。

113

CASE 6 よくものにぶつかる・よく転ぶ

3歳〜

あちこちぶつかって、しょっちゅうケガをしている子。ときには、動きのぎこちなさが友だちとのトラブルに発展してしまうことも。

どんな「困った」？

からだをスムーズに動かせない

　からだの動きがぎこちなく、よくものにぶつかったり、つまずいて転んだりしてしまう子がいます。友だちにぶつかったり、食事中に皿をひっくり返したりしてしまうこともあります。わざとぶつかっているわけではありません。**「思うようにからだを動かせない」**というのが、彼らの「困った！」なのです。

　このタイプの子は運動全般を苦手とする傾向があり、「自分はうまくできない」という気持ちから、あそびの輪に入りたがらない様子もよく見られます。

ボディイメージの乏しさや固有感覚の鈍感さが背景に

あちこちにからだをぶつけてしまう背景には、**ボディイメージ**の乏しさや、**固有感覚**の鈍感さが隠れていることがあります。

ボディイメージが乏しいと、からだの輪郭をイメージしにくいため、まわりの人やものとの距離を測るのが難しくなります。本人は気をつけているけれど、ぶつかってしまうのです。

固有感覚の鈍感さは、動きの不器用さにあらわれます。どこかぎこちない動きが、ぶつかったり転んだりという姿につながります。

触覚が鈍感で痛みを感じにくい

なかには、**触覚**の鈍感さがあり、痛みを感じにくい子もいます。転んでも泣かない、ぶつかったりケガをしたりしても痛がらず平気でいる場合は、このケースに当たります。

動作が荒っぽくなってしまう傾向があり、まわりから見ると「乱暴な子」と受け取られてしまう場合もあります。しかしこれは、本人の性格や心がけとはまったく関係ありません。

支援のヒント

動きの「おわり」を意識しよう

動きのぎこちなさが気になる子には、動きの「おわり」を意識できるように促しましょう。せまい場所を通るときには「○○まで気をつけて行こうね」と声をかけて、通りきるまで自分の動きに集中できるようにします。

ほかの子と同じようにできるわけではありません。本人が焦ってしまわないように、大人は「ゆっくりやろうね」「急がなくていいよ」と声をかけ、その子のペースで行動できるように配慮しましょう。

| CASE 7 | 食べ物の好き嫌いが激しい |

3歳ごろ〜

好き嫌いを主張するのは、自我の芽生え。でも、見過ごせないほど極端な選り好みがあるなら、感覚の特性に理由があるかもしれません。

どんな「困った」？

どうしても受け入れられない食感がある

　野菜嫌いでご飯と肉ばかり食べる、嫌いなものが少し入っているだけでまったく口をつけないなど、食べ物の好き嫌いが目立つ子がいます。また、かみ砕いたり飲みこんだりするのが苦手で、いつまでも口を動かしていたり、口に食べ物が残っているのに気づかず何時間も口のなかに入りっぱなしになっているということもあります。「食べられない」には必ず理由があります。
　<mark>どうしても食べられないのに、まわりの大人に「好き嫌いはダメだよ」「早く食べなさい」などと言われてしまう。</mark>これが彼らの「困った！」です。

触覚が敏感で特定の食感になじめない

触覚の敏感さから特定の食感が受け入れられず、偏食につながる場合があります。ヌルッとしたもの、ベトベトしたもの、グニャグニャしたものなど、苦手なものは人によって違います。

無理に口に入れてもすぐ吐きだし、抵抗感を高めるばかり。時間をかけて少しずつ受け入れられる範囲を広げ、**触覚**の敏感さをやわらげていきましょう。

固有感覚が未発達で食べ物をうまく扱えない

繊維質の多い野菜などをいつまでも飲みこめず口のなかにためこんでしまうのは、**固有感覚**のつまずきが背景にあるかもしれません。**固有感覚**が鈍感だと、かむ、舌でまとめる、飲みこむなどの動作が難しくなります。

また、スプーンやフォークをうまく使えないために食べこぼしが多い子、姿勢を保つのが苦手で食事に集中できない子もいます。

まずはひと口でOK！食べる楽しみを大切に

食事は楽しい時間。無理やり食べさせるのではなく、「唇に当てられたらOK」「ひとかじりだけ」というように小さな目標を立て、努力を認めることから始めてみてください。

食べ物を口のなかに入れたままにしてしまう子は、のどに詰まらせるなどの事故が起きないよう、食後に口のなかのチェックをしましょう。

食べやすい環境を作るのも効果的です。盛られたものを細かく切る、うつわをかえるなどの工夫で、食べられるものの幅が広がることがあります。

CASE 8 いつも動きまわっている・じっとしていられない

3歳ごろ～

いつもチョロチョロと動きまわって落ちつきのない子。目が離せず、危なっかしく見えますが、その子にはその子なりの理由があるようです。

どんな「困った」？

からだや心がウズウズして我慢できない!

いつもあちこち動きまわってじっとしていることがなく、目を離せない子がいます。これには大きく分けて2タイプあり、**「じっとしてなんていられない。いつも跳んだりはねたりしていたい!」** とからだへの刺激を求めている場合と、**「気になるものが次々に目に飛びこんでくる!」** と興味関心のうつり変わりが激しい場合があります。園の集団生活のなかでは自分勝手な行動にも見えますが、その子なりの理由があるのです。

平衡感覚が鈍感なため自分で刺激を補おうとする

いつもソワソワと落ちつきなく動いてしまうのには、**平衡感覚**の鈍感さが原因になることがあります。自分でからだを揺らしたり動かしたりすることで、満たされない感覚を補おうとしているのです（**自己刺激行動 ➡ 16ページ**）。

いつまでもジャンプをくり返す、目がまわるほどクルクル回転し続ける、高いところから飛びおりたがるなどの行動がよく見られます。クルクルと勢いよく回転したと思ったら、突然回転をやめてグニャグニャするということもあります。

目から入ってくる情報があれこれ気になる

人の視野には、まわりのものを広く見る周辺視と、特定のものを注視する中心視があります。中心視のほうが後から発達しますが、**平衡感覚**と目の動きの発達は関連しているので、中心視がうまく使えず、周辺視に頼ることになります。

その結果、まわりの情報を広く受け取ることになり、次々と気になるものが目に入り、落ちつけなくなってしまうのです。

支援のヒント

その子に合った刺激の量で落ちついて過ごせるように

自分で刺激を補おうとしている子には、**平衡感覚**を使ったあそびをたっぷり行って、物足りなさを補いましょう。満足できる経験を重ねるうちに、自然と感覚のバランスがとれてきて、「もういい」と言うようになります。

視覚情報の多さが気になる場合は、不要な刺激が入らないように、不要なものは目につかないところに片づけるなど、環境作りに配慮するとよいでしょう。気になるものが減れば、落ちついて過ごせるようになります。

CASE 9 いつまでも着替えを自分でしたがらない

4歳ごろ〜

着替えの時間。みんなが自分で着替えているなか、なかなか自分でやろうとせず、大人が手を貸さないと着替え終わらない子がいます。

どんな「困った」？

からだをどう動かせばいいかわからない

　好きなあそびには積極的に取り組むのに、着替えになると自分でやろうとしません。ダラダラと怠けているようにも見え、見守っているともどかしく感じてしまいます。結局、大人が手を貸さないと着替えが終わりません。
　これは、怠けているのではなく、**服のなかで見えない手足をどう動かせばよいかわからない**のです。ほかにも**着替えの手順がわからない**、**ほかのものに気を取られて着替えのことを忘れてしまう**、といった気持ちが隠れていることもあります。

服に隠れたからだの部位が消えてしまったように感じる

ボディイメージが乏しいと、ズボンに差しこんだ足のような目に見えない部分がどうなっているのかイメージできず、消えてしまったように感じます。そのため、洋服のなかで手足をどう動かせばいいのわからなくなってしまいます。

とくに、目に見えない背中側の**ボディイメージ**は育ちにくく、着替えのときにも後ろだけシャツがめくれていたりすることがよくあります。

ボディイメージの乏しさが注意散漫や不器用さの原因に

ボディイメージが乏しいと、自分のからだに注意を向けるのが難しくなります。そして、身のまわりのものに集中することも苦手になってしまうことがあります。

この場合、目に入るものに次々と意識がうつってしまうので、まわりから見ると、衝動的に映ります。

手指の不器用さもあり、服の向きを整えたり、ボタンの留めはずしをしたりするのも苦手です。このため、着替えへの意欲が高まらないのです。

イラストや鏡などを使って苦手をサポート

からだの動かし方がわからない子には、イラストや写真を使って着替えの手順を目で見てわかるように示すと、動きをイメージしやすくなります。背中側が乱れているときは、鏡で見せると**ボディイメージ**を補えます。

注意が散漫になってしまう子には、よけいなもののない落ちついた環境を作りましょう。**ボディイメージ**を育てるあそびだけでなく、52ページの「ひみつ袋」のような見えないところに意識を向けるあそびもおすすめです。

CASE 10 行事や集団活動に参加したがらない

4歳〜

4〜5歳ごろには集団行動ができるようになってきます。そんななか、たくさんの人が集まる場をいやがったり、ふらっと抜けだしたりしてしまう子がいます。

どんな「困った」？

みんなといっしょの場所は苦手

お誕生日会や運動会などたくさんの人が集まる場をいやがったり、友だちの輪に入らずに1人であそんでいたり。一見、わがままな行動のように見えますが、実は**人に合わせることが難しく、集団のなかにいると居心地悪く感じてしまうのです。**

また音に敏感で、音が響くようなホールや、ザワザワした人混みが苦手という子もいます。突然の大きな音でパニックを起こしてしまう場合もあります。

触覚が敏感で
集団のなかにいるのが怖い

触覚が敏感で**触覚防衛反応**が働いてしまう子は、集団行動が苦手です。いつだれが自分にふれてくるかわからない恐怖感が、生理的にわき起こってしまうのです。

普段と違う場所や、見通しのつきにくい活動にも、強い不安感を伴います。

この感覚は「我慢しなさい」と言って抑えられるものではありません。「集団から離れたところで参加するのもOK」など、できるだけ本人が安心できる環境を作り、「大丈夫だった」と思える経験を重ねながら、不安感を減らしていけるようにしましょう。

音に敏感で
さわがしい場所が苦手

聴覚が敏感な子は、音の響きがいつもと違うような場所や、ザワザワしている人混みが苦手です。公衆トイレのハンドドライヤー、運動会のスタート時のピストルや警報器の音など、突然の大きな音にも強い拒否感を感じます。

友だちといっしょにいるより、1人でいるほうが落ちついて過ごせます。神経質で内気に見られる子がいるいっぽう、不安の強さから「あっちに行って！」と強い表現で抵抗を見せる子もいます。

支援のヒント

活動の見通しを立てて
安心できるように

季節の行事はその子にとって「いつもと違う」「1日の流れが見通せない」活動です。その不安が、感覚の敏感さを強めてしまうことがよくあります。

朝、1日の流れを書いたメモを持たせたり、絵カードで活動の流れを見えるように掲示してみてください。不安がやわらぎ、参加しやすくなるかもしれません。

第1章 感覚統合ってなあに？
第2章 ふれあいながらあそぼう！
第3章 道具を使ってあそぼう！
第4章 外で元気にあそぼう！
第5章 気になる姿と支援のヒント

付録

発達の系統性とおおよその目安

この表は、おおよその発達段階の目安をまとめたものです。
細かな項目の「できている」「できていない」にとらわれないようにしてください。

		1歳前半	1歳後半	2歳前半
姿勢・運動	概要	0歳台で獲得したハイハイなどをもとに、立つ・歩くが可能になる。	歩き方のぎこちなさが減り、移動できることに自信をもちはじめる。	両側の協調性や片足で立つなどの動きが見られはじめる。「にさい」と言いながら、チョキができる。
	主な項目	□1人で立つ □1人で数歩〜数10歩歩く □しゃがんで立つ □リズムに合わせて体を振る	□トンネルくぐり □つま先立ち □手すりをつたい階段昇降（2足1段） □ボールを受け取り、相手に転がす	□マットで横転 □両足でジャンプ □鉄棒にぶら下がる □相手と押し合ったり引っぱり合ったりする
言語・コミュニケーション	概要	0歳台で獲得した言語理解をもとに、かんたんな指示であれば聞き分けて応じることができる。	二語文が出はじめる。相手の指示に応じて「持ってくる」ができるようになる。「こっち」なども理解しはじめる。	自分の体の各部位の名称がわかるようになる。名詞の語彙が増える。「自分で○○したい」の気持ちが高まる。
	主な項目	□大人の「ちょうだい」に応じてわたす □発語「ワンワン」など5〜6語前後 □自分の名前を呼ばれてなんらかの反応をする	□絵本で「ワンワン、どこ？」に指さしで応える □「座るもの」などの用途の理解 □「マンマ、ちょうだい」などの二語文	□鼻・おへそ・足など指示に応じてさわる □食べ物の名前、毎日くり返し使うものなどが言える □盛んに「なに？」と質問する
社会性	概要	0歳台までに形成された身近な大人との愛着関係をもとに、安心して要求を表現したり、大人の動きを期待したりする。	周囲からの「すごい」や「上手」に反応し「もっとやろう」とする。大人に「○○して」とせがむ。	友だちとのやり取りのなかで、自己主張したり、おもちゃの取り合いなどのトラブルを経験したりして、葛藤するようになる。
	主な項目	□いないいないばあを期待する □コチョコチョ（くすぐり）あそびを喜ぶ □指さしで関心ごとや要求を示す □人見知りが強まる	□喜んだり、怒ったり、やきもちを焼いたりする感情表現 □大人に「だっこして」などとせがむ □寝たふりができる	□大人がオニの「逃げるだけオニごっこ」 □友だちと手をつなぐ □仲よしの友だちができる □自分の持ち物がわかる
日常生活スキル	概要	0歳台までに身につけた姿勢・運動を踏まえて、大人の支えを受け入れる。	○△□の型はめ課題ができるなど認知面で育つ。見比べが可能になるとともに、手もとへの着目、目と手の協応が進む。	排尿（でちゃった）を伝える。大きなかごにおもちゃを入れる片づけができる。衣服のボタンはずしが可能になる。
	主な項目	□服を着るときに協力動作をとる □箱からものを出す □かごにものを入れる □コップを持って1人で飲む	□ぼうしや靴を自分で脱ぐ □スプーンを使って食べる □スプーンからこぼれたときにすくい直す	□排尿したことを伝えたり、便座に座ったりすることができる □自分で手を洗う □かごなどにおもちゃを片づけられる

発達は、それ以前の段階がベースを作って次の段階に移行していきます。「〇歳だから」という年齢にとらわれるのではなく、それ以前の段階の「出来栄え」を確認しながら無理な「飛び越し」にならないようにしましょう。

同じ年齢のなかで、各領域をまたいで概要・主な項目を見ていただくと、それぞれが関連し合っていることが理解できると思います。バランスよい発達につながるよう、各領域を関連づけて考える視点を大切にしてください。

	2歳後半	3歳前半	3歳後半
姿勢・運動	動きが少し大胆になってくる。微細な動きが向上する。自分であそびを工夫しはじめる。	力加減や動きのスピードを調整しはじめる。模倣が豊かになり、なりきることができはじめる。	明確な目的をもった動きが可能になる。活動に集中したり、周囲の状況に合わせたりする。
	□手すりを使わずに階段昇降（1足1段） □階段の1段目からジャンプしておりる	□片足立ち（数秒） □「よーい、ドン」の合図で走りはじめる □すべり台で前の子にぶつからないように速度を調整する □三輪車あそび	□太鼓のリズム打ち □鳥やウサギなどの動物をまねた動き □動くボールを追う □かけっこでゴールまで駆け抜ける
言語・コミュニケーション	三語文で会話しはじめる。大小が理解できる。手あそび歌で歌に合わせて動けるようになる。	よいことと悪いことの区別がつく。「ぼく・わたし」などの一人称を使いはじめる。今なにをしているかを伝える。	要求を言葉で伝えられるようになる。記憶が発達し、今日あった出来事を帰宅して報告することができる。
	□『あたまかたひざポン』の歌でふれる □『むすんでひらいて』の歌で動く □「パパ、かいしゃ、いっちゃった」などの三語文	□1対1対応から3までの数の概念の理解 □「今〇〇してるの」と大人に伝える □「が」「に」などの助詞の使用	□要求・拒否・同意を言葉で伝える □10までの数唱　□多少や長短の理解 □「〇〇と〇〇をもってきて」の指示に応じられる □盛んに「なんで?」と質問する
社会性	指示によってあそびを中断できる。「〇〇してはいけない」と言われて我慢する。友だちを応援することができる。	クラスなどの集団を意識しはじめる。列に並んだり、順番を理解したりできる。泣いている友だちを慰めることもある。	ごっこあそびで役になりきることができるようになる。しっぽ取りなどのルールのあるあそびができはじめる。
	□「〇〇ちゃん、がんばれ!」と応援する □用事があるときに大人を呼んだり、ケンカをした後に言いつけたりする	□大人の仲介のもとで「ごめんね」が言える □自分で作ったものを見せたがる □友だちとものの貸し借りをする	□おみせやさんごっこ、先生ごっこ □ブランコで次の子に自分から交代できる □友だちと砂場で山を協力して作る
日常生活スキル	尿意（でそう）を伝えられるようになる。微細動作のスキルが少しずつ向上し、フォークやはさみを使いはじめる。	積み木で「家」や「橋」などを見立てられるようになるとともに、生活スキルも上がる。	食事でみんなを待ったり、食事の後にそうじしたりすることができる。大人をまねてお手伝いしたがるようになる。
	□フォークで食べ物を刺して口に運ぶ □はさみで1回切りができる □紙を折ることができる（ズレがある）	□パンツで過ごせるようになり、トイレで排せつが可能になる □コップに水を注ぐ（こぼすこともある） □ブクブクうがいができる	□おもちゃを分類して片づけることができる □自分で顔を洗ってタオルでふく □机の上の汚れをタオルでふき取る

125

		4歳前半	4歳後半	5歳前半
姿勢・運動	概要	相手に合わせて距離感を調整する。急に止まったり、方向転換したりすることができる。	左右非対称な動きをまねる。「せーの」のタイミングで動作をとる。	動作を連続でくり返したり、異なる動作を交互にスムーズに行ったりすることができるようになる。
	主な項目	□ボールを地面についてキャッチ □ボールの上手投げ □片足ケンケン □目をつぶって片足立ち（数秒）	□右手は頭、左手は耳などの模倣 □平均台をわたる □投げられたボールのキャッチ	□ボールを連続で3回以上つく □ブランコを自力でこぐ □ケンケンパ □目をつぶったまま立ち上がる
言語・コミュニケーション	概要	複数のもののなかから好きなものを自分で選んで伝えられる。要求や拒否に理由づけができはじめる。	語頭音から言葉を連想する。マークやキャラクターなどを答える。前後・左右・上下の理解ができはじめる。	読めるひらがなが増えてくる。動作や具体物をカウントするようになる。曜日感覚が身につき、「明日」がわかる。
	主な項目	□複数の色のなかから好きなものを選ぶ □「昨日はなにしたの?」に答えられる □「○○だから」など理由づけを用いた表現を使う	□「あ」から始まる言葉と聞いて、3つ程度答える □自分の名前（ひらがな）を読む □「ぼうし、なにするもの?」に用途を答える	□回数や具体物のカウント（20前後） □家族構成を他者に説明する □「雨が降ったら」など仮定の話ができる
社会性	概要	勝ち負けのあるあそびに参加できる。達成感を感じたり、ほめられたりすることを期待して行動するようになる。	チームに分かれて競走することができる。色オニ、高オニなどのルールがあるオニごっこができる。	友だちと協力してタワー作りなどをする。困っている友だちを手伝ったり、その子の気持ちを代弁したりする。
	主な項目	□かくれんぼで見つからないように隠れる □順番を待てるようになる □協力あそびで友だちと役割分担する □友だちと冗談を言い合って笑う	□じゃんけんの勝ち負け、あいこがわかる □年下の子の世話を焼きたがる □悲しい話を聞くと泣く	□友だちと協力し合う姿を見せる □困っている友だちに自分から声かけし、手伝う □友だちと内緒話をする
日常生活スキル	概要	はみださずにクレヨンで色を塗れるようになり、動きの細かなコントロールが可能になる。	自分の身のまわりのことを自分でしようとする意識が高まる。家族やクラスのなかで役に立つ行動をしようとする。	かんたんな折り紙、○や△の形にはさみで切るなどの造形活動ができるようになるとともに、自分でできることが広がる。
	主な項目	□ファスナーやボタンのある衣服の着脱 □ティッシュではなをかむ □服の前後や裏表に気をつけて着る	□こぼさないようにコップやお椀を運ぶ □食事の前に食器の準備や片づけを進んで行う	□紙ひこうきを折る □自分で衣服を調整する（暑いときに脱ぐ） □歯磨きを1人でする（仕上げは大人）

	5歳後半	6歳前半	6歳後半	
	大人の指示に合わせて体を動かすことができる。相手やものを意識して動くことができる。	おおよそのボディイメージが形成される。意識しなくても滑らかな動きがとれることが増える。	運動のイメージを頭のなかで組み立てられるようになる。記憶をもとに動いたり、新たな動きを考えついたりする。	姿勢・運動
	□大人の言語指示で「右手はチョキ、左手はパー」 □1人でなわとび □補助輪つき自転車 □ジグザグ走	□なわとびの連続跳び □直線走でゴールまではみださずに走る □ボールに当たらないようによける □サッカーのドリブル	□鉄棒に足をかけて逆さまにぶら下がる □補助輪なしの自転車 □お手本がなくてもラジオ体操などができる	
	「○○さんに□□された」などの受け身の表現を使う。誕生日やお正月など1年間のイベントを理解する。	ひらがな（清音）を読むことができる。抽象的な概念について自分なりに整理して理解することができはじめる。	絵本を声に出して読んだり、文字を書いたりする。「お店で財布を拾ったらどうする」などの質問に答えようとする。	言語・コミュニケーション
	□食べ物、動物などテーマに沿った名称を挙げられる □自分や相手の誕生日を言う □「○○ちゃんに□□された」と伝える	□「ていねい」「危険」などの抽象的なものごとの意味の理解 □4〜5個の記憶の保持 □なぞなぞあそびやしりとりを楽しめる	□濁音・拗音・長音などの特殊音節の文字を読む □家までの帰り方や活動の仕方などを筋道立てて説明しようとする	
	ルールや約束ごとを理解し、それを遵守しようとする。時に厳密すぎて相手に厳しく接してしまうこともある。	相手の気持ちを察したり、相手の事情を理解したりする。かるたなどを友だちと楽しめるようになる。	自分の主張をていねいに伝える。相手の立場を気にかける。困ったときに周囲に援助を求められるようになる。	社会性
	□決まりごとを守り、その場にふさわしいふるまいをする □ルールを守らない友だちを注意する □役割のある劇あそびに参加する	□電話で目の前にはいない相手と会話ができる □ドッジボールやサッカーなどのゲームに参加できる	□相手を傷つけないように言い方に気をつける □自分の主張を相手にわかるように伝える □自分に自信をもつ	
	手指の操作性が高まり、細かな動きに挑戦しはじめる。買い物でお金を出す場面など「やりたい」と言う。	長く待つことができるようになる。言葉の発達とともに「きれいに仕上げる」「安全に運ぶ」ができるようになる。	ひらがなを書くなどの操作ができるようになる。日常生活でも、細かな違いに気づいたり、修正したりできる。	日常生活スキル
	□はしを使って食べる □洗濯ばさみを扱う □左右をまちがえずに靴をはく □雑巾を水が垂れない程度までしぼれる	□体についた汚れを自分で振り払って落とす □食器の汚れをきれいに洗う □飲み物を複数のコップに均等に注ぐ	□ほうきでゴミを集めてちりとりに入れる □着衣の乱れに自分で気づいて直す □ふろしき結びができる	

● 監修者 ●

川上康則（かわかみ・やすのり）

1974年、東京都生まれ。公認心理師、臨床発達心理士、自立活動教諭（肢体不自由）。立教大学卒、筑波大学大学院修了。杉並区立済美養護学校主任教諭。立教大学兼任講師。日本授業UD学会常任理事。肢体不自由、知的障害、自閉症、ADHDやLDなどの障害のある子に対する教育実践を積むとともに、地域の学校現場や保護者などからの「ちょっと気になる子」への相談支援に長年携わってきた。著書に『〈発達のつまずき〉から読み解く支援アプローチ』（学苑社）、『発達の気になる子の学校・家庭で楽しくできる感覚統合あそび』（ナツメ社）他多数。

● 協力 ●

りっきー

プラスモンテ® 主宰。大阪府生まれ。神戸大学国際文化学部卒業。日本モンテッソーリ教育綜合研究所2歳半～6歳コース教師資格所有保育士。モンテッソーリ教育と感覚統合を合わせた視点から、SNSでの情報発信、保育園・療育施設での研修、オンライン講座の講師などを務める。著書に『発達が気になる小学生の学校生活＆おうち学習ガイド』（講談社）他。

● スタッフ ●

- 本文デザイン／山川図案室
- 本文イラスト／すみもとななみ・高村あゆみ
- 編 集／小菅由美子
  木島由里子・片岡弘子・滝沢奈美（WILL）
- DTP／新井麻衣子（WILL）
- 校 正／村井みちよ
- 編集担当／梅津愛美（ナツメ出版企画）

本書に関するお問い合わせは、書名・発行日・該当ページを明記の上、下記のいずれかの方法にてお送りください。電話でのお問い合わせはお受けしておりません。

・ナツメ社webサイトの問い合わせフォーム
https://www.natsume.co.jp/contact
・FAX（03-3291-1305）
・郵送（下記、ナツメ出版企画株式会社宛て）

なお、回答までに日にちをいただく場合があります。正誤のお問い合わせ以外の書籍内容に関する解説・個別の相談は行っておりません。あらかじめご了承ください。

発達の気になる子の
保育園・幼稚園・療育の場でできる感覚統合あそび

2024年11月1日　初版発行

監修者　**川上康則**
発行者　**田村正隆**

Kawakami Yasunori, 2024

発行所　**株式会社ナツメ社**
東京都千代田区神田神保町1-52ナツメ社ビル1F（〒101-0051）
電話　03（3291）1257（代表）　FAX　03（3291）5761　振替　00130-1-58661

制　作　**ナツメ出版企画株式会社**
東京都千代田区神田神保町1-52ナツメ社ビル3F（〒101-0051）
電話　03（3295）3921（代表）

印刷所　**TOPPANクロレ株式会社**

ISBN978-4-8163-7627-6

Printed in Japan

〈定価はカバーに表示してあります〉〈落丁・乱丁本はお取り替えします〉

本書の一部または全部を著作権法で定められている範囲を超え、ナツメ出版企画株式会社に無断で複写、複製、転載、データファイル化することを禁じます。

ナツメ社Webサイト
https://www.natsume.co.jp
書籍の最新情報（正誤情報を含む）はナツメ社Webサイトをご覧ください。